수학으로 풀어보는
머신러닝 알고리즘과
파이썬 머신러닝 프로그래밍

기초 수학으로
이해하는

머신러닝 알고리즘

기초 수학으로 이해하는
머신러닝 알고리즘

수학으로 풀어보는
머신러닝 알고리즘과 파이썬 머신러닝 프로그래밍

지은이 LINE Fukuoka Corporation 타테이시 켄고
옮긴이 김범준
펴낸이 박찬규 엮은이 이대엽 표지디자인 Arowa & Arowana

펴낸곳 위키북스 전화 031-955-3658, 3659 팩스 031-955-3660
주소 경기도 파주시 문발로 115, 311호(파주출판도시, 세종출판벤처타운)

가격 22,000 페이지 252 책규격 175 x 235mm

1쇄 발행 2018년 02월 13일
2쇄 발행 2018년 11월 30일
ISBN 979-11-5839-091-4 (93000)

등록번호 제406-2006-000036호 등록일자 2006년 05월 19일
홈페이지 wikibook.co.kr 전자우편 wikibook@wikibook.co.kr

YASASHIKU MANABU KIKAI GAKUSHU WO RIKAI SURU TAMENO SUGAKU NO KIHON
by LINE Fukuoka Corporation Kengo Tateishi

원서 일러스트 はざくみ(Hazakumi) 원서 담당 伊佐 知子(Tomoko Isa)

이 도서의 국립중앙도서관 출판시도서목록 CIP는
서지정보유통지원시스템 홈페이지(http://seoji.nl.go.kr)와
국가자료공동목록시스템(http://www.nl.go.kr/kolisnet)에서 이용하실 수 있습니다.
CIP제어번호 CIP2018003118

기초 수학으로 이해하는 머신러닝 알고리즘

수학으로 풀어보는
머신러닝 알고리즘과
파이썬 머신러닝 프로그래밍

LINE Fukuoka Corporation
타테이시 켄고 지음
/
김범준 옮김

위키북스

저자 서문

머신러닝이라는 단어가 주목받기 시작한 지 꽤 오랜 세월이 지났습니다. 이 머신러닝이란 도대체 무엇일까? 머신러닝으로 무슨 일을 할 수 있을까? 이런 의문을 가진 독자도 많을 것입니다. 머신러닝이 이렇게 유명하게 된 이유는 많겠지만 그중에서 가장 큰 이유를 들자면 다음과 같이 이야기할 수 있습니다.

머신러닝에 특화된 많은 라이브러리가 전 세계 사람들에 의해 개발되고 머신러닝을 공부할 때 사용할 수 있는 편리하고 다양한 데이터셋도 무료로 받을 수 있습니다. 이론을 몰라도 라이브러리와 데이터셋을 준비해서 몇 줄의 코드를 쓰면 그럴듯한 것을 만들어 낼 수 있는 시대가 됐습니다. 머신러닝을 이용하는 데 문턱이 낮아졌다고 말할 수 있고 자신이 직접 코딩하면서 머신러닝을 실행하는 감각을 키울 수 있습니다.

하지만 내부 구조를 알 수 없는 블랙박스 같은 것을 계속 이용한다면 당연히 위화감이 생길 것입니다. 편리한 라이브러리를 이용하면 이론을 몰라도 프로그램을 만들 수 있겠지만 특히 엔지니어라면 내부 구조를 모르는 물건을 이용하는 데 두려움을 느낄 것입니다. 그렇게 머신러닝을 공부해봤지만 너무 어려워서 좌절하는 일도 적지 않을 것입니다.

이 책은 머신러닝에 관심을 가지기 시작해서 이론을 공부해 보려는 엔지니어를 대상으로 쓰여졌습니다. 독자는 이 책에 나오는 등장인물인 프로그래머 연아와 친구인 소희가 펼치는 대화를 통해 머신러닝의 이론을 쉽게 풀어가며 함께 공부할 것입니다. 초보자를 위한 많은 입문서에서는 가능한 한 수식이 나오지 않게 하지만 이 책에서는 많은 수식이 등장합니다. 그중에는 조금 어려운 식도 있지만 연아와 소희의 대화를 읽다 보면 자연스럽게 수식의 의미를 이해할 수 있게 됩니다. 그리고 고교 수학을 잊은 사람도 확실하게 복습할 수 있도록 별도로 수학의 기초 지식을 설명하는 단원도 마련했으므로 안심하고 이 책을 읽을 수 있습니다.

이 책에서 얻은 기초 지식을 토대로 다양한 영역에서 응용할 수 있을 것입니다. 라이브러리의 내부 구조를 더욱 깊이 공부해도 좋고 자신이 직접 머신러닝 알고리즘을 작성해도 좋고 최신 논문을 읽을 수도 있을 것입니다. 무엇을 할지는 자유롭게 선택할 수 있습니다.

그럼, 연아와 소희와 함께 머신러닝을 배우는 여행을 떠나 봅시다.

감사의 글

머신러닝에 관한 연구와 개발에 힘쓰고 계신 모든 분들께 감사드립니다. 지금까지 많은 분들의 공헌에 힘입어 머신러닝이 발전해왔습니다. 이 책도 그 덕분에 존재할 것입니다. LINE 주식회사 Data Labs의 하시모토 타이치 님, 이 책을 리뷰해주시고 격려해주신 GMO 페파보 주식회사 페파보 연구소의 미야케 유우스케 님께 감사의 말씀을 드립니다.

이 책의 기획 단계부터 완성까지 아무것도 모르는 필자를 약 반년 동안에 걸쳐 지원해주신 주식회사 마이나비 출판의 이사 토모코 님께 감사드립니다. 그리고 필자가 집필하는 동안 끝까지 응원해주고 지지해준 사랑스런 아내와 두 아이들에게도 감사하며 이 책을 바칩니다.

2017년 8월

타테이시 켄고

각 장 요약

1장 _ 둘이 여행을 시작한다

머신러닝이 주목받게 된 이유와 머신러닝을 사용하면 어떤 일을 할 수 있는지에 대해 설명합니다. 그리고 회귀, 분류, 클러스터링과 같은 알고리즘에 대해서도 간략하게 설명합니다.

2장 _ 회귀를 배워보자

광고에 소요되는 비용으로 클릭 수를 예측하는 작업을 통해 회귀에 관해 배웁니다. 예측하기 위해 도출할 식을 간단한 예를 통해 생각해보고 해당 식이 원하는 결과에 가까워지게 하기 위한 방법을 생각해봅니다.

3장 _ 분류에 대해 배워보자

이미지의 크기를 보고 가로로 긴 것과 세로로 긴 것을 분류하는 작업을 통해 분류에 관해 배웁니다. 2장에서 했듯이 분류하기 위해 도출할 식에 대해 생각해보고 해당 식이 최적의 결과에 가까워지게 하는 방법을 생각합니다.

4장 _ 평가해보자

2장과 3장에서 생각한 모델이 잘 맞는지 그 정확도를 확인합니다. 모델을 어떤 방법으로 평가할지, 그리고 평가에 사용할 지표에는 어떤 것이 있는지 알아봅니다.

5장 _ 파이썬으로 프로그래밍해보자

2장부터 4장까지 배운 내용을 토대로 파이썬을 이용해 프로그래밍합니다. 이제까지 수식을 가지고 생각해온 것을 프로그램으로 표현하는 방법을 배웁니다.

부록

1장에서 5장에서 설명하지 못한 수학을 설명합니다. 이 부록은 필요에 따라 참고하면 됩니다.
시그마 기호, 파이 기호/미분/편미분/합성함수/벡터와 행렬/기하벡터/지수, 대수/파이썬 환경 구축/파이썬 기초/NumPy 기초

Contents

Chapter 3

분류에 대해 배워보자

이미지 크기를 기준으로 분류한다

Chapter 4

평가해보자

만든 모델을 평가하자

Chapter 5

파이썬으로 프로그래밍해보자

APPENDIX

부록

등장인물 소개

김연아

직장 상사의 명령으로 머신러닝에 관해 공부하고 있는 프로그래머다.

성실하지만 약간 잘난체하는 구석이 있다. 과자를 좋아하는 24세 여성이다.

취미로 피겨스케이팅을 즐긴다.

윤소희

연아와는 대학시절부터 친구다. 대학에서는 컴퓨터 비전을 전공했다.

연아가 무엇을 요구하든지 거절하지 못한다. 소희도 역시 단것을 좋아한다.

취미로 연기 수업을 받고 있다.

Chapter 1

둘이 여행을 시작한다

연아가 소희에게 무언가를 상담하고 있는 것 같습니다.
직장 상사가 "연아 씨는 이제 머신러닝을 공부해야 할 것 같아."라고 말씀하셨는데
머신러닝을 공부하려면 무엇을 어떻게 해야 할지 몰라서
소희에게 상담하러 온 것으로 보입니다.
둘이 어떤 이야기를 하는지 살짝 들어보겠습니다.

Section 1

머신러닝에 대한 관심

머신러닝이란 걸 해보고 싶은데 처음에 무엇을 어떻게 해야 할지 전혀 모르겠어.

그래서 나한테 상담하러 온 거야?

그래. 넌 대학시절에 머신러닝에 대해 연구했잖아. 정말 대단하다고 생각하면서 네 이야기를 들었던 때가 생각나서 말이야.

내가 연구했던 것은 정확히 말해서 컴퓨터 비전이었어. 컴퓨터 비전을 연구하는 동안에 머신러닝을 좀 해봤지.

컴퓨터 비전이든 머신러닝이든 이름을 듣기만 해도 어려운 것이라는 느낌이 들어. 그리고 머신러닝 책에는 수식이 엄청나게 많이 나오잖아. 그 수식들의 의미도 알 수 없고...

수식이 많이 나오긴 하지. 하지만 머신러닝에 관한 기초적인 수준에서 나오는 수식은 하나씩 차분히 의미를 이해해가면 어려운 것도 아니야.

넌 수학도 잘하잖아. 그래서 내가 이렇게 상담하러 온 것이구. 나는 수학을 잘 못한단 말이야. 수학에 관한 이야기를 들을 때 항상 "우리말로 설명해 주세요."라고 부탁한다구.

수식이란 것 자체가 우리말로 길게 설명해야 할 것을 누구나 알아보기 쉽도록 엄밀하고 간결하게 표현할 수 있는 편리한 도구인데.

편리한 도구라는 생각이 들 정도로 수학이랑 친해져야 하지.

그런데 너는 머신러닝을 사용해서 뭘 하려고 하니?

음... 그러니까... 직장에서 상사가 머신러닝을 공부해 보라고 말씀하셨거든.

회사에서 시켰구나. 그 상사분이 잘 가르쳐 주시지 않아?

여쭤봤는데 잘 모르시나봐. 그냥 머신러닝이 좋다는 것만 알고 계시는 것 같아.

일단 머신러닝으로 뭘 하려고 하는지 그 목적을 파악하는 것이 중요한데... 그럼 너는 머신러닝이란 것이 어디에 사용되는지 알아?

음... 스팸 메일을 판정하거나 그림에서 얼굴을 찾아낸다든가 온라인 쇼핑몰에서 상품을 추천하는 기능 같은 것?

어머, 잘 알고 있네?

나도 인터넷에서 검색하는 것 정도는 할 수 있다구! 이래봬도 조금은 공부했거든.

잘했어. 그럼 사용 예를 많이 알고 있는 셈이구나. 그 밖에도 머신러닝은 폭넓은 분야에서 다양하게 응용되고 있단다.

맞아, 맞아. 머신러닝만 있으면 뭐든지 할 수 있을 것 같아. 꿈이 커지네.

머신러닝 덕분에 이제까지 할 수 없었던 일을 할 수 있게 된 사례는 많이 있지. 그렇지만 뭐든지 할 수 있다고 생각하는 것은 약간 오해야.

어머, 그래? 생각했던 것보다는 제약이 있나 보네.

응용할 곳은 많지만 만능은 아니야. 머신러닝은 어디에 적용할 수 있고 무엇을 할 수 있고 또 무엇을 할 수 없는지를 이해하는 것도 중요해.

머신러닝을 적용할 수 없는 분야도 있다는 말이구나. 약간 실망스러워.

머신러닝을 공부하기 전에 머신러닝이 어째서 주목받고 있는지, 그리고 머신러닝을 사용하면 실제로 어떤 일을 할 수 있는지 이야기해보자.

좋았어! 재미있을 것 같아! 잠깐 기다려. 커피랑 과자를 가져올게!

Section 2 머신러닝의 중요성

애초에 왜 머신러닝이 이렇게 주목받게 된 거니? (냠냠)

사실은 머신러닝의 기초적인 이론이나 알고리즘 자체는 새로운 것이 아니야.

아, 그래? 옛날부터 있었던 거구나.

컴퓨터란 옛날에도 지금도 반복 처리를 잘 하잖아. 그래서 많은 데이터를 읽어 들이고 그 데이터 안에서 특징을 학습해서 패턴을 찾아내는 작업은 인간보다 효율적으로 처리할 수 있지. 이런 작업을 소위 **머신러닝**이나 **패턴인식**이라고 말하는데 이런 작업을 컴퓨터에게 맡기려는 생각은 옛날부터 많이 해왔고 연구도 많이 하고 구현해놓은 것도 있단다.

옛날에도 의외로 많은 작업을 할 수 있었구나.

그렇지만 지금은 할 수 있는 일이 더욱더 많아. 그것은 이론이 진화해온 덕분이기도 하지만 사실은

- 데이터를 대량으로 수집할 수 있는 환경이 갖춰졌다.
- 데이터를 대량으로 처리할 수 있는 환경이 갖춰졌다.

라는 두 가지 발전이 있었기 때문이라고 나는 생각해.

많은 데이터를 모아서 학습을 많이 시키면 여러 가지 작업을 할 수 있다는 말이구나.

맞았어. 머신러닝으로 뭔가를 하려고 할 때는 일단 처음에 필요한 것이 **데이터**야. 왜냐하면 머신러닝이란 것이 데이터로부터 특징이나 패턴을 찾아내는 것이니까.

뭔가 끝내주는 프로그램이 하나 있어서 그 프로그램에게 맡기면 뭐든지 해주는 것이 아니구나.

응. 그래서 데이터를 모으는 일이 중요한 거야.

그렇지만 데이터를 수집할 수 있는 환경이 갖춰졌다는 말은 무슨 뜻이야?

인터넷이 발전하면서 개인의 활동이나 생활의 일부가 디지털 쪽으로 옮겨졌기 때문에 상상할 수도 없을 정도로 많은 데이터가 만들어졌어.
그리고 데이터의 양뿐만 아니라 데이터의 종류도 늘었지. 웹사이트의 접근 로그나 블로그에 쓴 문서나 업로드한 사진, 메일을 송신한 이력, 온라인 쇼핑몰에서 구매한 이력 등등 정말 많아. 인터넷 덕분에 그런 데이터를 쉽게 대량으로 얻어낼 수 있게 됐지.

그렇군. 나도 온라인 쇼핑몰에서 자주 물건을 사는데. 지금은 당연한 것이지만 옛날에는 그렇지 않았지.

방금 네가 머신러닝이 이용된 예로 든 얼굴 인식 기능은 SNS에서 인물 태그와 함께 게재된 이미지 데이터가 사용된 것이고 상품 추천 기능에도 온라인 쇼핑몰에 기록된 구매 이력이 사용됐을 거야. 얼굴 인식 기능도 상품 추천 기능도 모두 데이터로부터 학습한 결과야.

그렇구나. 이제까지 머신러닝에 대해 전혀 몰랐어.

그리고 컴퓨터의 성능이 좋아져서 같은 양의 데이터를 처리하는 시간이 빨라졌지. 하드디스크나 SSD 같은 저장장치도 점점 가격이 내려가고 있고.

요즘은 정말 대단한 일이 벌어지고 있구나. 많은 양을 처리할 수 있다면 그만큼 학습을 많이 할 수 있어 좋겠구나. 데이터도 많이 있고.

맞아. 많이 학습할 수 있다는 점도 있지만 역시 처리가 빠르다는 점이 기쁘지. 수치 계산을 GPU에 맡기거나 하둡(Hadoop)이나 스파크(Spark) 같은 분산처리 기술도 발달해서 데이터를 대량으로 처리할 수 있는 환경이 만들어졌어.

기술이 이제 겨우 이론을 따라잡은 거네!

응. 그래서 요즘 머신러닝에 대한 관심이 커지고 있는 거야. 생활을 편리하게 해주는 앱도 만들어지고 있고 사업상에서 인간의 의사결정을 보조하기도 하지. 그리고 의료나 금융, 보안 분야 등등 정말로 다양한 영역에 응용할 수 있어.

머신러닝이란 정말로 대단한 것 같아. 지금이야말로 꼭 공부해야 할 때인 거야. 정말 열심히 공부해보고 싶어졌어.

Section 3 머신러닝 알고리즘

응용할 곳이 많다는 것은 알았는데 조금 더 구체적으로 머신러닝이 실제로 어떻게 적용되는지 알려주겠니?

그래 그 얘기를 해보자. 일단 머신러닝이 잘 할 수 있는 작업은 다음과 같아.

- 회귀(Regression)
- 분류(Classification)
- 클러스터링(Clustering)

모두 이름은 들어본 것 같은데.

하나씩 살펴보자구. 먼저 회귀에 대해 이야기해보자. 회귀를 알기 쉽게 이야기하자면, 가령 **시계열 데이터** 같은 **연속된 데이터**를 취급할 때 사용하는 기법이야.

음... 전혀 알기 쉽지 않은데. 시계열 데이터라는 게 어떤 데이터지?

시간적인 변화를 연속적으로 관측한 데이터를 말해. 구체적으로는 증권시장의 주가 같은 것이 시계열 데이터에 해당하지. 아래와 같은 그래프를 본 적이 있지?

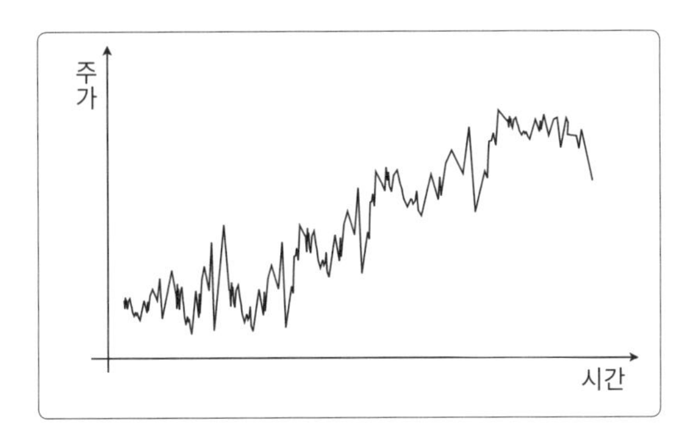

그림 1-1

연속된 데이터란 것은 이런 것을 말하는 거구나. 키나 몸무게 같은 것도 연속된 데이터가 될까?

맞아. 센스 있는데? 키나 몸무게도 그 자체가 연속되고 매일 키와 몸무게를 기록해가면 그것도 주가처럼 시계열 데이터가 되는 것이지.

그렇구나. 이런 연속 데이터에 머신러닝을 사용한다는 것은 무엇을 의미할까?

예를 들면, 방금 봤던 그래프에서는 과거 어느 시점에 주가가 얼마라는 데이터를 읽을 수 있지?

표 1-1

날짜	주가
어제	10,000원
이틀 전	10,100원
3일 전	10,070원

이런 데이터를 가지고 추세를 학습해서 '내일의 주가는 어떻게 될까?'라든지 '이후 추세는 어떻게 될까?'에 대한 답을 구하는 작업은 회귀를 사용한 머신러닝의 일종이야.

미래를 예측하는 것이구나. 실제로 주가를 정확히 예측할 수 있다면 정말 대단한 일이겠네.

분명히 대단한 일이지. 주가가 변동하는 요인은 과거의 주가에만 있는 것은 아니니까 이런 과거의 데이터만을 사용해서는 정확히 예측할 수 없겠지?

응, 그럴 것 같아. 지금의 경기 흐름이나 기업의 실적도 주가에 영향을 주니까 말이야.

그래. 그러니까 무엇인가를 예측하려면 그것에 영향을 줄 수 있는 데이터를 모아서 조합할 때가 많아.

그렇구나. 그럼 **분류**는 뭐야?

분류는 별로 어렵지 않아. 예를 들면, 방금 네가 말한 스팸메일 판정도 분류에 해당돼.

메일을 읽고 그것이 스팸인지 아닌지를 판단하는 것이지?

맞아. 바로 그거야. 메일의 내용과 그 메일이 스팸인지 아닌지를 구분한 데이터를 기반으로 학습하는 거야.

표 1-2

메일의 내용	스팸인지 아닌지
안녕하십니까. 이번 주 일요일에 한 번 찾아뵈려고...	X
저와 친구하실래요? 아래의 사진을...	○
축하합니다! 하와이를 여행할 수 있는 기회에 당첨되셨습니다.	○

이런 메일이 스팸인지 아닌지를 나타내는 O, X는 학습을 시작하기 전에 미리 사람이 직접 준비해둬야 하니까 조금 귀찮긴 하지.

그렇다면 메일을 하나하나 확인하고 O인지 X인지 표시를 해둬야 하는 거야? 귀찮겠네.

머신러닝에서 가장 힘든 작업은 데이터를 모으는 일이야. 아무리 데이터를 수집할 수 있는 환경이 갖춰졌다고 해도 아직 인간이 개입해야 할 부분이 많아.

그렇구나. O, X를 표시하는 작업은 정말 상상만 해도 힘들 것 같아.

그런데 이런 부분은 계속 발전하고 있거든. 예를 들면, 메일 서비스 이용자에게 온 메일에 '이것은 스팸메일입니다.'라고 이용자가 직접 표시할 수 있는 기능이 있잖아. 이렇게 사용자가 입력한 데이터를 사용할 수도 있거든.

아, 맞아. 그 기능을 만든 사람은 참 머리가 좋구나. 얼굴이 나온 사진을 보고 그 사람이 남성인지 여성인지를 판단하는 것도 분류일까?

맞아. 그것도 분류야. 그렇게 분류할 대상이 두 개만 있는 것을 **2값 분류**라고 말하고 세 개 이상으로 분류하는 문제는 **다값 분류**라고 말해. 예를 들면, 숫자를 인식하는 문제가 다값 분류에 해당하지.

그래? 숫자 인식이 왜 분류 문제에 해당되지?

사진에 나타난 숫자가 무엇인지를 알아내는 문제를 생각해 보면 말이야. 저 이미지는 0이고 이 이미지는 9라는 식으로 이미지를 0에서 9까지의 숫자로 분류해야 하잖아.

듣고 보니 그런 것 같아.

엽서에 적힌 손글씨 우편번호를 자동으로 인식하는 기술에 응용할 수 있겠지. 손글씨 숫자가 적힌 이미지와 그 이미지가 실제로 어느 숫자인지를 알려 주는 데이터를 모아 놓은 'MNIST'라는 데이터셋이 유명해.

그런 기계가 있었구나. 그럼 마지막으로 클러스터링은 뭐니?

클러스터링이란 분류와 비슷한 것인데 조금 달라. 예를 들면, 100명의 학생이 재학 중인 학교에서 시험을 봤는데 그 시험 점수에 따라 학생 100명을 몇 개의 그룹으로 나눠야 한다고 가정해 보자구. 그룹으로 나눈 결과를 예를 들면 이과에 적성이 맞는 그룹이나 문과에 적성이 맞는 그룹처럼 뭔가 의미가 있는 집합이 보이겠지. 학생 개개인의 시험 점수니까, 예를 들면 다음과 같은 데이터를 가지고 컴퓨터가 학습하게 되는 거야.

표 1-3

학생 출석번호	영어 점수	수학 점수	국어 점수	물리 점수
A-1	100	98	89	96
A-2	77	98	69	98
A-3	99	56	99	61

이건 결국 분류한다는 것이잖아?

분류와 다른 점은 데이터에 **레이블**이 붙어 있다는 거야. 정답 데이터라고 말하기도 하지. 예를 들면, 방금 이야기한 스팸메일 판정 문제에서 메일의 내용과 함께 해당 메일이 스팸인지 아닌지를 나타내는 O, X 데이터도 있었지?

응, 있었어.

그렇지만 이 시험 점수 데이터에는 분류에 관한 레이블이 붙어 있지 않아. 순수하게 출석 번호와 점수 데이터만 있어.

준비한 데이터에 레이블이 붙어 있는지 붙어 있지 않은지의 차이를 말하는 건가? 잘 모르겠는데.

레이블이 붙은 데이터를 사용해서 학습하는 것을 **지도 학습**이라고 하고 반대로 레이블이 없는 데이터를 사용해서 학습하는 것을 **비지도 학습**이라고 말해. 회귀와 분류는 지도 학습에 속하고 클러스터링은 비지도 학습에 속한다고 외워두면 좋을 것 같아.

이름을 외우는 것만으로도 힘들 것 같단 말이야. 회귀가 뭐고 분류가 뭐고 클러스터링에 지도 학습이며 비지도 학습은 또 뭐니?

단순히 암기하려고 하면 금방 잊어버릴 거야. 하지만 공부하고 실습하다 보면 자연히 외워지게 될 거야.

그럴까?

Section 4 수학과 프로그래밍

너 수학을 잘 못한다고 말했지만 너도 이과를 전공했잖아.

음... 저기... 맞아. 이과...

확률통계, **미분**, **선형대수**는 기억나니?

음... 그렇지. 복습하면... 생각나지 않을까?

이제부터 수학의 기초 지식이 어느 정도 필요하게 되니까 불안하다면 복습해두는 것이 좋을 거야. 특히 머신러닝 알고리즘은 통계 기법과 닮았으니까 알아두면 힘이 될 거야.

역시 그렇구나. 처음부터 공부해 둘게.

시작하는 시점에서 미리 말해두겠는데 말이야. 머신러닝의 기초 과정에서는 그다지 높은 수준의 수학이 필요한 것은 아니니까 적당히 공부해도 될 거야. 복습하는 것은 물론 바람직한 일이고 공부해가면서 모르는 것이 생기면 그때그때 열심히 조사하는 것도 중요하단다.

정말? 그럼, 시간을 내서 간단히 복습해야겠네.

너, 노력파구나.

나 원래 공부하는 것을 좋아한다구.

그럼, 프로그래밍 공부는 어때?

프로그래밍은 매일 회사에서 하는 일이니까 괜찮아. 나만의 전용 웹 서비스도 만들어서 쓰고 있거든.

오, 대단한데. 프로그래밍은 네가 더 잘하니까 이론을 중심으로 이야기할게. 머신러닝에서는 파이썬이나 R 언어 등이 사용되고 있으니까 이 언어를 사용해 본 경험이 있으면 수월할 거야.

나는 파이썬도 R도 해 본 적이 없지만... 프로그래밍에는 익숙하니까 새로운 언어를 배우는 게 그다지 어렵지 않을 거야.

물론 C나 루비, PHP, 자바스크립트로도 구현할 수는 있지만 말이야. 파이썬이나 R은 머신러닝을 위해 풍부한 라이브러리가 마련돼 있어서 사용하기 편리하단다.

프로그램을 편리하게 작성할 수 있다는 것도 중요하지. 앗, 커피가 식었어. 오늘은 이정도만 이야기하자.

그래. 다음번엔 더욱 구체적인 이야기를 해보자구.

응. 오늘 정말 고마웠어!

Chapter

2

회귀를 배워보자

광고비에서 클릭 수를 예측한다

소희에게 머신러닝에 사용되는 수학을 배우기로 한 연아.
처음에 배울 것은 '회귀'입니다.
연아가 운영하는 웹 서비스의 광고비 데이터를 교재로 삼아
회귀에 관해 배울 것입니다.
과연 연아는 회귀를 이해할 수 있을까요?

Section 1 문제 설정

자, 일단 회귀에 관해 살펴볼까? 이건 구체적인 예를 들어가면서 설명하는 것이 좋을 것 같네.

좋았어. 구체적인 예는 점심식사만큼 중요한 것이잖아.

음, 네 비유법은 이해하기 어렵지만... 맞아, 너 지금 웹 서비스를 운영하고 있지?

응. 프로그래밍 공부하려고 운영하는 거야. 패션에 관한 사진을 올려서 모두 함께 볼 수 있게 말이야. 패션을 공부할 수도 있고 참 좋아.

재미있을 것 같다. 나도 등록해볼까.

고마워. 그런데 아직 접속 수가 적어서... 사실은 광고도 해서 더욱 많은 사람이 볼 수 있게 하고 싶어.

알았어. 그럼 웹 광고와 클릭 수를 예로 들면서 공부해볼까?

그게 머신러닝과 관계가 있는 거니? 웹 마케팅 같은 것은 관심이 있긴 하지만 말이야.

일단 들어봐. 이해하기 쉽게 하기 위해 문제를 간단히 설정하자구. 광고비를 쓰면 쓸수록 해당 광고가 클릭되는 횟수가 많아지고 그에 따라 접속 수가 많아진다는 것을 전제로 하자.

응. 대부분의 광고가 그렇지.

하지만 클릭 수에는 오차가 있어서 똑같은 광고비를 내면 항상 똑같은 클릭 수를 얻을 수 있는 것은 아니지. 얼마의 광고비를 들여서 실제로 몇 번의 클릭이 얻어졌는지에 대한 데이터를 광고비와 클릭 수를 축으로 하는 그래프로 나타내보면 다음과 같아. 단위 수는 내가 적당히 정했지만 말이지.

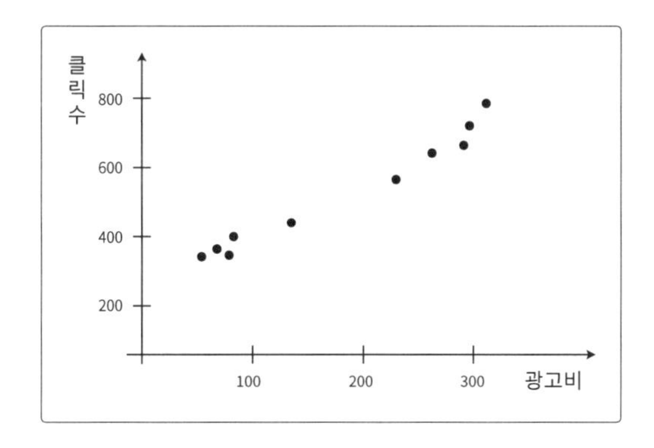

그림 2-1

그렇군. 광고비를 많이 들이면 클릭 수도 많아지네.

너는 이 그래프를 보고 광고비가 200원일 때 해당 광고가 몇 번 클릭됐는지 알 수 있니?

그건 간단하지! 대충 500번이잖아.

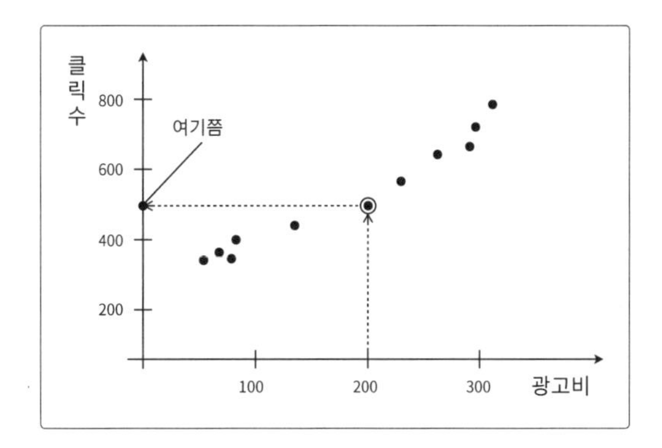

그림 2-2

맞았어. 잘하는데?

너, 지금 날 놀리는 거지?

아니야, 아니야. 지금 넌 이미 존재하는 데이터를 보면서 '대강 여기쯤'이라고 짚었지?

응, 그랬어.

그게 바로 머신러닝인 거야. 너는 데이터를 보면서 학습하고 예측값을 찾아냈어.
이제부터 머신러닝을 사용해서 지금 네가 한 것처럼 광고비를 가지고 클릭 수를 예측하는 작업을 해볼 거야.

아, 그랬구나! 그렇지만 머신러닝을 사용하지 않아도 이 그래프를 보면 누구나 알 수 있는 것 아니야?

그것은 처음에 말했듯이 문제를 단순하게 설정했기 때문에 가능했던 거야.

광고비가 늘면 클릭 수도 늘어난다는 것을 전제로 했었지.

그래, 그렇지만 실제로 머신러닝을 사용해서 해결하려는 문제라는 것은 항상 이보다 문제가 복잡한 경우가 대부분이거든. 지금 하고 있는 예제처럼 그래프로 나타낼 수 없는 것도 많아. 지금은 이해를 돕기 위해 단순한 예를 가지고 이야기를 진행하고 있지만 나중에는 더욱 어려운 문제를 다룰 거야.

우웅, 그렇구나. 아직 머릿속에 이미지가 그려지지 않지만...

Section 2

모델을 정의한다

그럼, 머신러닝은 어떻게 적용하는 건데?

함수를 만들어보는 거야. 이 그래프에 있는 각각의 점을 지나는 함수의 모양을 알게 되면 광고비를 통해 클릭 수를 알 수 있게 돼. 그렇지만 아까도 이야기했지만 클릭 수에는 노이즈가 포함돼 있으니까 함수가 정확히 모든 점을 지나는 것은 아니야.

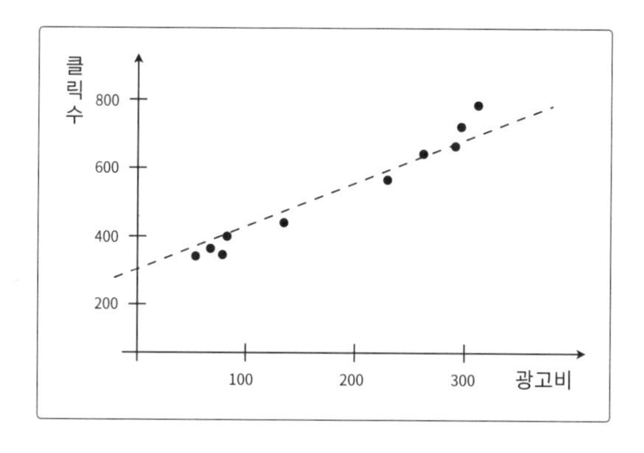

그림 2-3

이거, 혹시 1차 함수야?

맞아. 1차 함수야. 중학교 때 그래프를 그려 봤지?

아, 그래! 많이 그려봤어! $y=ax+b$라는 식이었잖아. 그 시절이 그리워지네. a가 **기울기**이고 b가 **절편**... 이었지?

맞았어. 1차 함수는 기울기와 절편이 정해지면 그래프의 모양이 정해지니까 이제 a와 b를 조사해야 해.

그렇구나. 이제 알 것 같아.

앞으로의 작업을 생각해서 a나 b를 사용하지 않고 이제부터 사용할 1차 함수의 식을 다음과 같이 정의할 거야.

$$y = \theta_0 + \theta_1 x \tag{2.2.1}$$

잉. 왠지 갑자기 식이 굉장히 수학스러워졌는데... θ는 뭐야?

θ(세타)는 이제부터 우리가 구할 미지수야. **매개변수**라고 부르는 사람도 있어.

매개변수라... 그냥 a랑 b를 써도 되잖아? 왜 일부러 θ라는 걸 쓰는 거지?

통계학의 세계에서는 미지수나 추정값을 θ로 표현할 때가 많아. θ의 오른쪽 아래에 첨자를 붙인 이유는 미지수의 개수가 늘었을 때 $a, b, c, d\cdots$ 이렇게 문자의 종류가 많아져서 식을 알아보기가 힘들어지기도 하고 문자의 종류가 모자라기도 하니까 편의를 위해 첨자를 붙이는 거야.

그렇구나. 일단은 이 문자들이 기울기와 절편이라고 생각하면 되지?

지금 하고 있는 예에서는 그렇게 알고 있으면 돼. 그리고 이미 알고 있다고는 생각하지만 x가 광고비이고 y가 클릭 수를 나타내고 있어.

걱정마. 그건 알고 있어.

뭔가 적당한 값을 대입해서 확인해보면 이해하기 쉬울 것 같아. 예를 들면 $\theta_0=1$, $\theta_1=2$라고 하면 식 2.2.1의 $y=\theta_0+\theta_0 x$는 어떤 식이 될지 맞혀봐.

대입만 하면 돼? 간단하네.

$$y = 1 + 2x \tag{2.2.2}$$

잘했어. 이번에는 그 식에 있는 x에 뭔가 적당한 값을 대입해서 y를 계산해봐.

음, 그러니까, 적당히 $x=100$일 때를 계산해 볼게.

$$\begin{aligned} y &= 1 + 2x \\ &= 1 + 2 \cdot 100 \\ &= 201 \end{aligned} \tag{2.2.3}$$

이것은 다시 말하면 매개변수가 $\theta_0=1$, $\theta_1=2$인 경우에 광고비로 100원을 냈다고 하면 클릭 수는 201회 정도가 된다는 이야기야. 알겠지?

그런데 방금 전의 그래프를 보면 광고비가 100원일 때 클릭 수는 400회 이상이었는데?

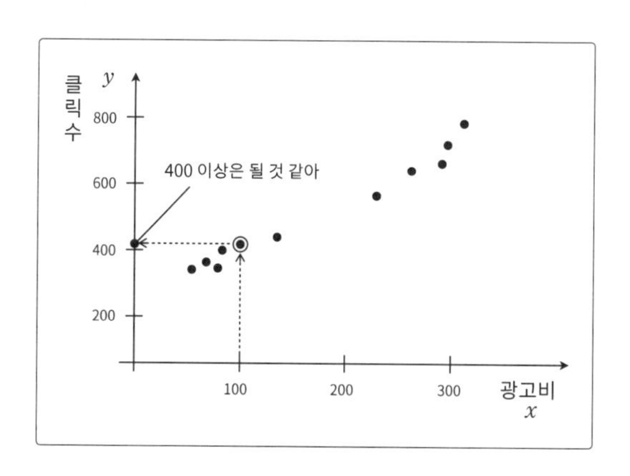

그림 2-4

맞아, 그랬지. 그래서 방금 내가 적당히 결정한 매개변수 $\theta_0=1$, $\theta_1=2$는 틀린 거야. 이제부터 머신러닝을 사용해서 맞는 θ_0과 θ_1의 값을 찾아가는 거야.

그렇구나!

Section 3

최소제곱법

이론은 알았는데 매개변수 θ는 어떻게 구해야 하는 거야?

그 전에 앞에 나온 식 2.2.1 말이야. 역시 다음과 같이 바꿔 써야 될 것 같아.

$$f_\theta(x) = \theta_0 + \theta_1 x \tag{2.3.1}$$

응? 왜? y가 $f_\theta(x)$가 바뀌었을 뿐이네.

이렇게 하면 함수가 θ라는 매개변수를 가지고 있고 x라는 변수의 함수라는 것을 명시적으로 알릴 수 있게 되잖아. 그리고 그냥 y로 쓰면 나중에 헷갈릴 수 있구.

아, 그렇구나. 네가 그렇게 하고 싶다면 해야지...

자, 그럼 이제 θ를 구해보자. 지금 우리에게는 광고비와 그에 대한 클릭 수 데이터가 있잖아.

방금 그래프에 점을 찍어 놓은 것 말이지?

그래. 그런 데이터를 학습 데이터라고 하는데 학습 데이터에 있는 광고비를 $f_\theta(x)$에 대입해서 구한 클릭 수와 학습 데이터에 이미 존재하는 클릭 수의 차이가 최소가 되도록 θ를 정하는 거야.

잠깐, 잠깐! 무슨 소린지 하나도 모르겠잖아.

몇 가지 구체적인 학습 데이터를 열거해 보면 알기 쉬울 거야.

표 2-1

광고비 x	클릭 수 y
58	374
70	385
81	375
84	401

방금 그래프에 점을 찍어 놓은 것 말이지?

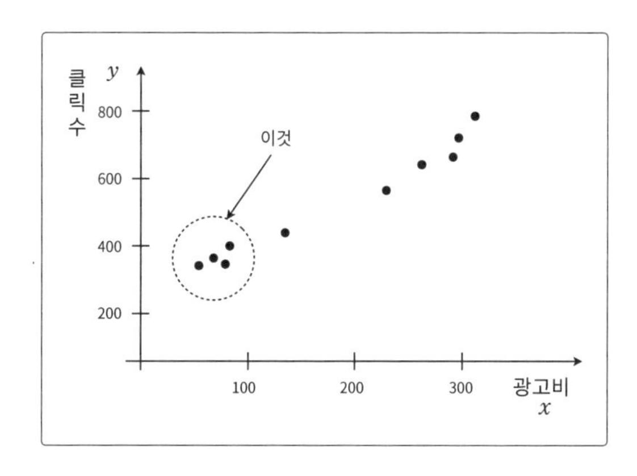

그림 2-5

맞았어. 그리고 앞서 나온 식 2.2.2에서는 매개변수를 대강 정해서 $f_\theta(x)=1+2x$라는 식을 만들었지? 그 $f_\theta(x)$에 광고비 값을 대입해서 계산해봐.

광고비를 대입하기만 하면 된다는 거지? 이렇게?

표 2-2

광고비 x	클릭 수 y	$\theta_0=1$, $\theta_1=2$일 때의 $f_\theta(\mathrm{x})$ 값
58	374	117
70	385	141
81	375	163
84	401	169

응, 잘했어. 아까 이야기한 것처럼 매개변수를 대충 정하면 실제 값과 너무 달라지게 되지. 이것은 표 2-2만 봐도 알 수 있어.

요컨대 표 2-2에 있는 y값과 $f_\theta(x)$값이 전혀 달라진다는 말이지?

그래. 하지만 y값과 $f_\theta(x)$값이 완전히 일치하는 것이 이상적이야. 알겠어?

응. y값을 조사하기 위한 함수가 $f_\theta(x)$잖아.

자, 그럼 이상적인 값에 가까워지게 하려면 어떻게 해야 하는지 생각해보자구.

일치하는 것이 이상적인 것이니까 $y=f_\theta(x)$이지.

그 식을 조금 변경하면 $y-f_\theta(x)=0$라고 표현할 수 있잖아. 이것은 y와 $f_\theta(x)$의 오차가 0이라는 것을 나타내. 오차가 없는 것이 가장 이상적이라는 이야기지.

그렇구나! 오차를 최소로 만든다는 것이 바로 이것이구나. 하지만 그래프에 있는 모든 점에 생기는 오차를 0으로 만든다는 것은 불가능하지 않아?

그래. 모든 점에서 오차가 0이 되게 할 수는 없어. 그래서 모든 점에 생기는 오차의 합계가 가능한 한 작아지도록 하는 거야.

클릭 수에는 노이즈가 포함돼 있으니까 함수가 정확하게 모든 점을 통과하지는 않는다고 말했었지?

잘 봐. 이렇게 그림으로 나타내면 알기 쉽겠지? 학습 데이터를 나타낸 점과 $f_\theta(x)$를 나타낸 그래프와의 오차를 점선으로 나타냈어.

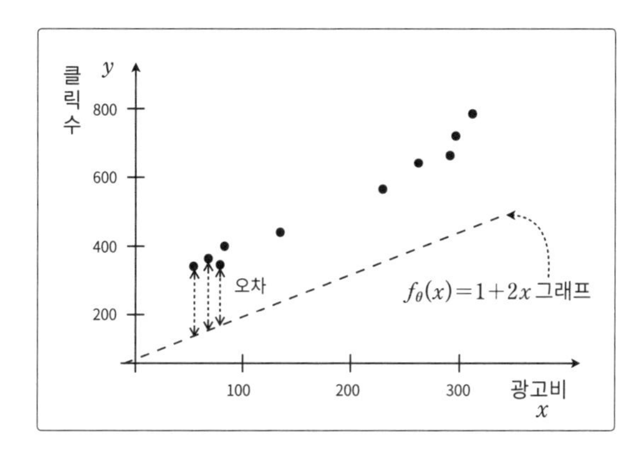

그림 2-6

잘 알겠어. 오차를 나타내는 점선의 높이를 작게 만들면 정확한 클릭 수를 예측할 수 있겠어.

그럼 이제까지 한 이야기를 식으로 나타내보자. 학습 데이터가 n개 있다고 가정하면 학습 데이터마다 생기는 오차의 합은 다음과 같은 식으로 나타낼 수 있어. 이 식은 목적함수라고 부르는데 $E(\theta)$의 E는 오차를 영어로 Error라고 말하니까 그 머릿글자를 가져온 거야.

$$E(\theta) = \frac{1}{2} \sum_{i=1}^{n} \left(y^{(i)} - f_\theta(x^{(i)}) \right)^2 \tag{2.3.2}$$

POINT

$\sum$(시그마)에 관해서는 부록의 1절을 참고하기 바랍니다.

갑자기 난이도가 높아졌잖아... 아직 마음의 준비가 돼 있지 않단 말이야.

하나씩 설명할 테니까 안심해도 돼. 일단 오해가 없도록 처음에 말해둘 것이 있는데 $x^{(i)}$나 $y^{(i)}$는 i승이라는 의미가 아니고 i번째 학습 데이터를 말해.

표 2-2를 보면서 이야기해 보면 $x^{(1)}$이 58이고 $y^{(1)}$이 374이고 $x^{(2)}$가 70이고 $y^{(2)}$가 385란 말이구나.

맞았어. $\sum_{i=1}^{n}$는 총 합계를 나타내는 기호니까 각각의 학습 데이터마다 생기는 오차를 제곱해서 그것을 모두 더하고 또 그것에 $\frac{1}{2}$을 곱했어. 이 $E(\theta)$값이 가장 작아지게 하는 θ를 찾는 것이 목적이야. 이것을 최적화 문제라고 말하지.

왜 오차를 제곱하는 거야?

단순히 차이를 구하기만 하면 오차가 음수가 돼 버릴 경우도 있잖아. 예를 들면, $f_\theta(x)$가 다음 그림과 같은 모양이라고 가정했을 때 오차의 합을 계산하면 어떻게 될 것 같아?

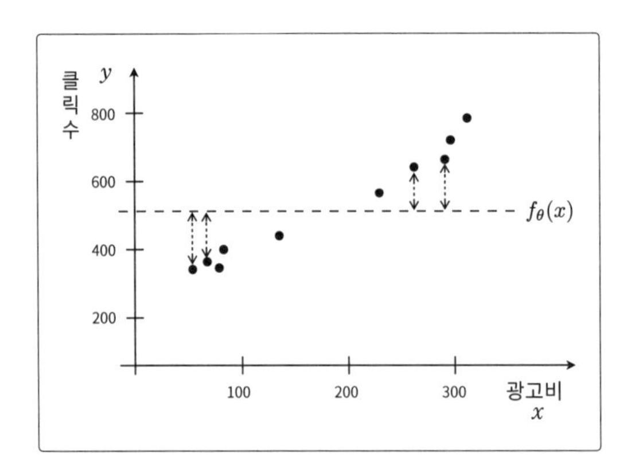

그림 2-7

왼쪽에 있는 오차는 음수가 되고 오른쪽에 있는 오차는 양수가 되고 모두 더하면 상쇄돼서 왠지 0에 가까운 값이 될 것 같네.

그렇지? 오차의 합을 이야기하자면 0이지만 분명히 이렇게 수평인 $f_\theta(x)$는 잘못된 것이지.

그렇군. 양수와 음수가 섞여 있으면 계산하기 어려우니까 반드시 양수가 되도록 제곱하는 것이구나. 그렇다면 **절댓값**을 사용해도 되는 것 아니야? $|y-f_\theta(x)|$처럼 말이야.

틀린 말은 아니지만 일반적으로는 절댓값이 아니라 제곱을 사용해. 나중에 목적함수를 미분할 건데 절댓값을 미분하는 것보다 제곱을 미분하는 편이 쉽거든.

미분이라... 고등학교 때 배우긴 했지만 거의 생각나지 않아... 절댓값을 미분하는 것이 어려웠나?

절댓값은 미분할 수 없는 부분이 있어서 경우를 나눠야 하기 때문에 귀찮지. 미분에 관해서는 때가 되면 다시 설명해 줄게.

그럼 전체에 $\frac{1}{2}$을 곱하는 이유는 뭐니?

이것도 나중에 나올 미분과 관계가 있는데 결과로 나온 식을 간단한 모양으로 만들기 위해 붙인 상수야. 이것에 대해서도 때가 되면 설명할 거야.

음... 그렇게 상수를 막 붙여도 돼?

응. 최적화 문제에서는 괜찮아. 예를 들면, $f(x)=x^2$이라는 그래프가 있다고 했을 때 이 그래프가 최소인 곳의 x값은 얼마인지 알겠어?

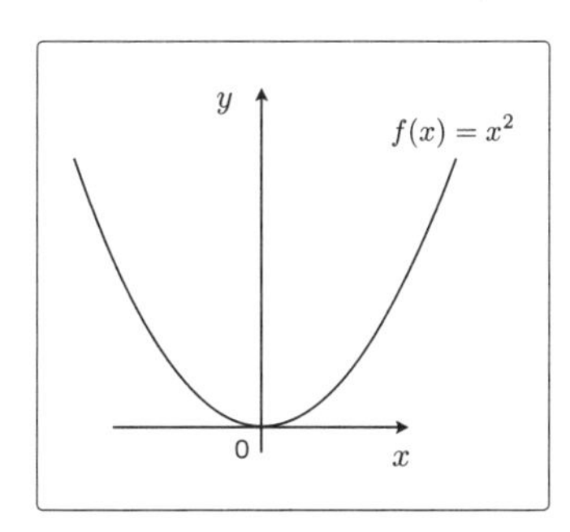

그림 2-8

$x=0$일 때가 최소가 되네.

그럼, 이 그래프에 $\frac{1}{2}$을 곱한 $f(x) = \frac{1}{2}x^2$이라는 그래프가 최소가 되는 x는?

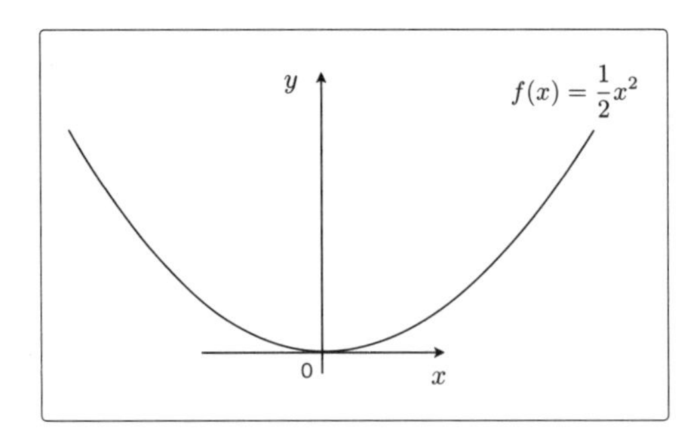

그림 2-9

이번에도 똑같이 $x=0$일 때 최소가 되네!

양의 정수를 곱해도 그래프의 모양이 옆으로 넓어지거나 좁아질 뿐 최솟값이 존재하는 위치는 변하지 않아.

식의 의미를 잘 알겠어.

시험 삼아 식 2.3.2에 있는 $E(\theta)$값을 실제로 계산해 볼까? $\theta_0=1$, $\theta_1=2$라고 하고 아까 열거한 네 개의 학습 데이터를 대입해 보자구. 값이 조금 커지긴 하겠지만.

$$
\begin{aligned}
E(\theta) &= \frac{1}{2}\sum_{i=1}^{4}\left(y^{(i)} - f_\theta(x^{(i)})\right)^2 \\
&= \frac{1}{2}\left((374-117)^2 + (385-141)^2 + (375-163)^2 + (401-169)^2\right) \\
&= \frac{1}{2}(66049 + 59536 + 44944 + 53824) \\
&= 112176.5
\end{aligned}
\tag{2.3.3}
$$

112176.5가 나왔네.

이 112176.5라는 값 자체는 의미가 없지만 이 값이 점점 작아지도록 매개변수 θ를 수정해가는 거야.

이 값이 작아진다는 것은 오차가 작아진다는 말이지?

그래. 이 기법을 **최소제곱법**이라고 해.

Section 3 | Step 1 | 최급하강법

$E(\theta)$를 줄여가는 것은 이해하겠는데… θ값을 적당히 수정하면서 $E(\theta)$를 계산해서 이전 값과 비교해가는 것은 역시 귀찮지 않아?

아무래도 그것은 힘든 작업이지. 아까도 잠깐 이야기했지만 **미분**을 사용해서 구해가는 거야.

미분에 관해서는 부록의 2절을 참고하기 바랍니다.

미분이라...

미분은 **변화하는 정도**를 구하기 위해 사용하는 것이라는 것은 알고 있지? 미분을 배울 때 **증감표**를 만든 적이 있지 않아?

증감표라... 듣고 보니 그런 게 있었던 것 같긴 해.

간단한 예를 들어 실험해 볼까? 예를 들어, $g(x)=(x-1)^2$라는 2차 함수가 있다고 가정하면 이 함수의 최솟값은 $x=1$일 때 $g(x)=0$이 되지? 이 2차 함수를 증감표로 나타내 볼까?

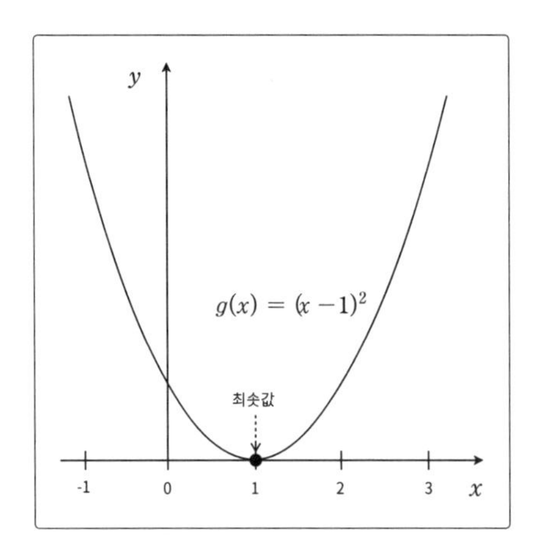

그림 2-10

일단 미분하면 되는 것이였지? $g(x)$를 전개하면 $(x-1)^2=x^2-2x+1$이니까… 아래와 같이 되겠지?

$$\frac{d}{dx}g(x) = 2x - 2 \tag{2.3.4}$$

미분 계산은 맞았어. 우리가 증감표를 만들 것이니까 **도함수**의 부호를 한번 살펴보자.

도함수란 미분한 후에 나오는 함수지? $2x-2$의 부호에 주목하면 되니까… 증감표는 다음과 같을 거야.

표 2-3

x의 범위	$\frac{d}{dx}g(x)$의 부호	$g(x)$의 증감
$x<1$	−	↘
$x=1$	0	
$x>1$	+	↗

잘했어. 이 증감표를 $x<1$보면 일 때는 $g(x)$ 그래프가 오른쪽 아래로 내려가고 반대로 $x>1$ 일 때는 $g(x)$ 그래프가 오른쪽 위로 올라가는데 이것을 다른 말로 표현하면 왼쪽으로 내려간다고도 할 수 있지.

응. 증감표를 봐도 $g(x)$ 그래프를 봐도 분명히 그렇게 돼 있구나.

예를 들어 $x=3$에서 시작해서 $g(x)$의 값을 작게 만들려면 x를 왼쪽으로 밀어 옮기면, 즉 x를 작게 만들면 되겠지?

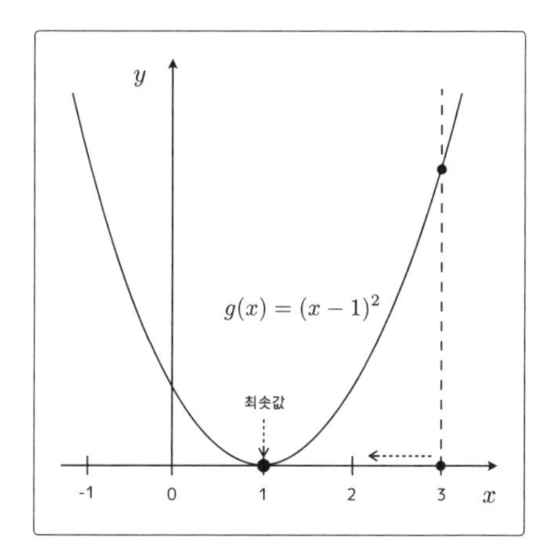

그림 2-11

반대쪽 $x=-1$에서 시작해서 $g(x)$의 값을 작게 만들려면 이번에는 x를 오른쪽으로 밀어 옮기면, 즉 x를 크게 만들면 되는 거야.

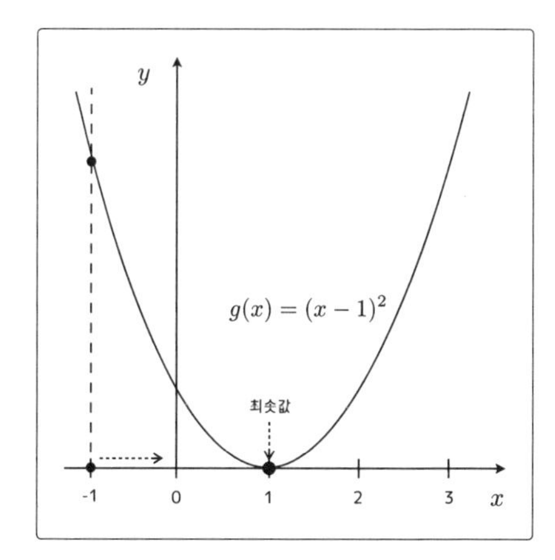

그림 2-12

그럼 도함수의 부호에 따라 x를 밀어 옮기는 방향이 달라진다는 말이니?

바로 그거야. 도함수의 부호의 반대 방향으로 밀어 옮기면 자연히 최솟값 쪽으로 움직이게 돼 있어.

그렇군. 매개변수가 자동으로 갱신되니 편하구나.

앞에서 한 이야기를 식으로 정리하면 아래와 같아. 이것은 최급하강법이나 경사하강법이라 불리는 거야.

$$x := x - \eta \frac{d}{dx} g(x) \tag{2.3.5}$$

본 적이 있을지 몰라도 $A := B$라고 쓴 기호는 A를 B에 따라 정의한다는 의미를 가지고 있어.

식 2.3.5에서는 바로 전에 있던 x를 사용해서 새로운 x를 사용해서 정의한다는 말이지?

맞았어.

η는 뭐야?

η는 **학습률**이라고 불리는 양의 정수야. 학습률의 크기에 따라 최솟값에 도달하기까지 갱신해야 하는 횟수가 달라지거든. 수렴되는 속도가 달라진다고 표현하기도 해. 또는 수렴하지 않고 발산해버릴 때도 있구.

잠깐, 잠깐! 잘 모르겠잖아...

다시 구체적인 값을 대입해서 확인해보자. 예를 들어 $\eta=1$로 정하고 $x=3$에서 시작하면 x가 어떻게 움직일까?

해볼게. $g(x)$를 미분하면 $2x-2$니까 갱신식은 $x := x-\eta(2x-2)$이지? 이걸 계산하면 되는 거잖아.

$$
\begin{aligned}
x &:= 3 - 1(2\cdot3-2) &&= 3-4 &&= -1 \\
x &:= -1 - 1(2\cdot-1-2) &&= -1+4 &&= 3 \\
x &:= 3 - 1(2\cdot3-2) &&= 3-4 &&= -1
\end{aligned}
\tag{2.3.6}
$$

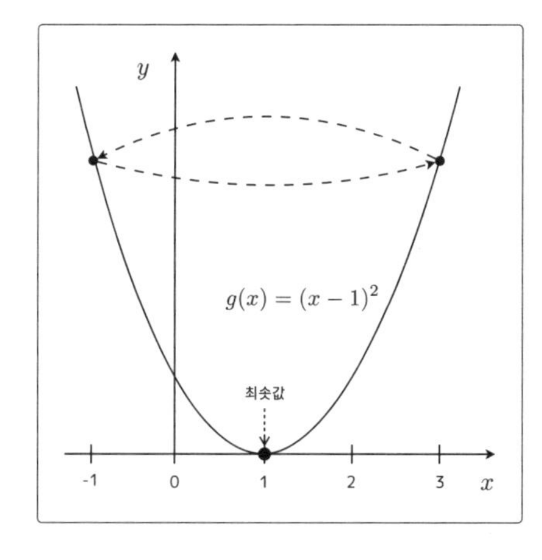

그림 2-13

이런! 3과 -1 사이를 왔다 갔다 하는데? 완전히 무한 루프에 빠져버린 것 같아...

그럼 이번에는 $\eta=0.1$이라고 정하고 방금 했던 것처럼 $x=3$에서 시작하면 어떨까?

해볼게. 소수를 계산하는 것은 귀찮으니까 소수점 두 자리수에서 반올림해서 계산해도 되지?

$$x := 3 - 0.1 \cdot (2 \cdot 3 - 2) = 3 - 0.4 = 2.6$$
$$x := 2.6 - 0.1 \cdot (2 \cdot 2.6 - 2) = 2.6 - 0.3 = 2.3$$
$$x := 2.3 - 0.1 \cdot (2 \cdot 2.3 - 2) = 2.3 - 0.2 = 2.1$$
$$x := 2.1 - 0.1 \cdot (2 \cdot 2.1 - 2) = 2.1 - 0.2 = 1.9 \tag{2.3.7}$$

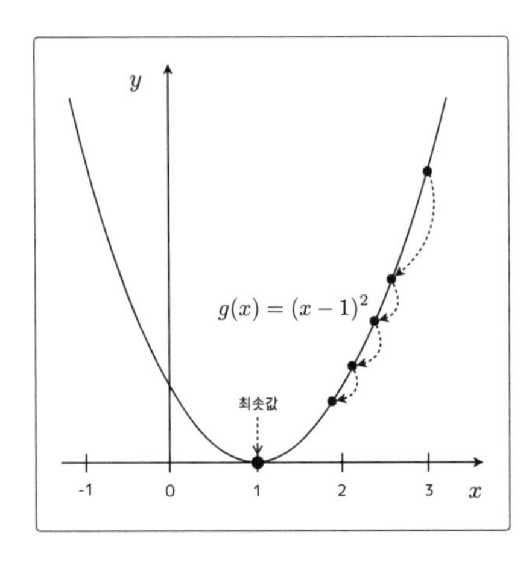

그림 2-14

이번에는 점점 $x=1$에 가까워져 가긴 하는데 속도가 너무 느려서 답답해.

내가 지금 말하고 싶은 게 바로 그거야. η가 크면 $x := x - \eta(2x-2)$가 왔다 갔다 하거나 최솟값에서 멀어지기도 해. 이것은 발산해버린 상태라고 말할 수 있어. 반면 η가 작으면 이동량이 작아져 갱신 횟수가 늘어나게 되지. 하지만 이 경우는 확실히 수렴을 향해 움직이는 상태라고 말할 수 있어.

그랬구나. 이제 확실히 알았어.

그럼 목적함수 $E(\theta)$에 대해 다시 이야기해 볼까? 목적함수의 모양은 기억하고 있어?

식 2.3.2에 나온 것 말이지?

$$E(\theta) = \frac{1}{2}\sum_{i=1}^{n}\left(y^{(i)} - f_\theta(x^{(i)})\right)^2 \tag{2.3.8}$$

응. 맞았어. 그 목적함수는 앞의 예에 나온 $g(x)$처럼 아래로 볼록한 모양이니까 동일한 이론을 적용할 수 있어. 하지만 이 목적함수는 $f_\theta(x)$를 포함하고 있거든. 식 2.3.1에서 봤듯이 $f_\theta(x)$는 θ_0과 θ_1이라는 두 개의 매개변수를 가지고 있었지? 다시 말하면 이 목적함수는 θ_0과 θ_1이라는 두 개의 변수를 가지는 2변수 함수라는 말이야. 그래서 미분이 아닌 편미분을 계산해야 하는데 갱신식은 다음과 같아.

$$\begin{aligned}\theta_0 &:= \theta_0 - \eta\frac{\partial E}{\partial \theta_0} \\ \theta_1 &:= \theta_1 - \eta\frac{\partial E}{\partial \theta_1}\end{aligned} \tag{2.3.9}$$

점점 어려워지는 것 같은데... 방금 식 2.3.5에 나온 $g(x)$가 E로 바뀌고 계산은 편미분으로 하게 됐다는 말이지?

POINT

편미분에 관해서는 부록의 3절을 참고하기 바랍니다.

맞아. 그럼 실제로 편미분을 계산해보자. 일단은 식 2.3.9에서 θ_0로 편미분하는 부분부터 해보자구. 할 수 있겠지?

음... 그러니까... 응? E 안에 θ_0가 없는데... 아, 그렇구나... θ_0는 $f_\theta(x)$ 안에 있었지? 음... 제곱도 전개해야 하고... 우왕... 너무 어려울 것 같아!

정공법으로 계산하면 힘들어지니까 **합성함수**의 미분을 사용하면 돼. 네가 말한대로 $E(\theta)$ 안에 $f_\theta(x)$가 들어 있고 $f_\theta(x)$ 안에 θ_0가 들어 있으니까 각각을 아래와 같이 생각해보자.

$$\begin{aligned} u &= E(\theta) \\ v &= f_\theta(x) \end{aligned} \tag{2.3.10}$$

POINT

합성함수의 미분에 관해서는 부록의 4절을 참고하기 바랍니다.

그럼 다음과 같이 단계적으로 미분할 수 있게 돼.

$$\frac{\partial u}{\partial \theta_0} = \frac{\partial u}{\partial v} \cdot \frac{\partial v}{\partial \theta_0} \tag{2.3.11}$$

그렇구나. 합성함수의 미분이지? 일단은 u를 v로 미분하는 것부터 계산해 볼게. 전개해서 각각을 미분하면 되겠지?

$$\begin{aligned}
\frac{\partial u}{\partial v} &= \frac{\partial}{\partial v}\left(\frac{1}{2}\sum_{i=1}^{n}\left(y^{(i)} - v\right)^2\right) \\
&= \frac{1}{2}\sum_{i=1}^{n}\left(\frac{\partial}{\partial v}\left(y^{(i)} - v\right)^2\right) \\
&= \frac{1}{2}\sum_{i=1}^{n}\left(\frac{\partial}{\partial v}\left(y^{(i)2} - 2y^{(i)}v + v^2\right)\right) \\
&= \frac{1}{2}\sum_{i=1}^{n}\left(-2y^{(i)} + 2v\right) \\
&= \sum_{i=1}^{n}\left(v - y^{(i)}\right)
\end{aligned} \tag{2.3.12}$$

마지막 행에서 $\frac{1}{2}$이 상쇄돼서 미분한 결과로 나온 식의 모양이 단순해졌지? 그게 바로 처음에 $\frac{1}{2}$을 곱한 이유야.

이제 알겠어. 식이 깔끔해졌네. 그럼 다음은 v를 θ_0로 미분하는 부분을 해볼게.

$$\begin{aligned}
\frac{\partial v}{\partial \theta_0} &= \frac{\partial}{\partial \theta_0}(\theta_0 + \theta_1 x) \\
&= 1
\end{aligned} \tag{2.3.13}$$

잘했어. 이제 합성함수를 미분하는 식 2.3.11에 따라 각각을 계산한 결과를 곱하면 θ_0으로 미분한 결과가 나오는 거야. 식 2.3.12에 있는 v를 $f_\theta(x)$로 다시 바꾸는 것을 잊으면 안돼.

곱하면 되는 거니까... 이렇게 하면 되겠지?

$$\begin{aligned}\frac{\partial u}{\partial \theta_0} &= \frac{\partial u}{\partial v} \cdot \frac{\partial v}{\partial \theta_0} \\ &= \sum_{i=1}^{n} \left(v - y^{(i)}\right) \cdot 1 \\ &= \sum_{i=1}^{n} \left(f_\theta(x^{(i)}) - y^{(i)}\right)\end{aligned} \tag{2.3.14}$$

정답이야! 그럼 이제 θ_1에 대해 미분해볼까?

아래의 식을 푸는 것이지? 해볼게.

$$\frac{\partial u}{\partial \theta_1} = \frac{\partial u}{\partial v} \cdot \frac{\partial v}{\partial \theta_1} \tag{2.3.15}$$

u를 v로 미분하는 것은 식 2.3.12와 똑같고 이번에는 v를 θ_1로 미분하는 부분만 계산하면 되는 거야.

그렇군. 생각해보니 그렇네. v를 θ_1로 미분하는 거니까... 이렇게 하면 되지?

$$\begin{aligned}\frac{\partial v}{\partial \theta_1} &= \frac{\partial}{\partial \theta_1} (\theta_0 + \theta_1 x) \\ &= x\end{aligned} \tag{2.3.16}$$

맞았어. 그럼 u를 θ_1로 미분한 결과는 결국 어떻게 될까?

아래와 같이 되겠지.

$$
\begin{aligned}
\frac{\partial u}{\partial \theta_1} &= \frac{\partial u}{\partial v} \cdot \frac{\partial v}{\partial \theta_1} \\
&= \sum_{i=1}^{n} \left(v - y^{(i)} \right) \cdot x^{(i)} \\
&= \sum_{i=1}^{n} \left(f_\theta(x^{(i)}) - y^{(i)} \right) x^{(i)}
\end{aligned}
\tag{2.3.17}
$$

정답이야! 최종적으로 매개변수 θ_0과 θ_1의 갱신식은 아래와 같아. 알겠지?

$$
\begin{aligned}
\theta_0 &:= \theta_0 - \eta \sum_{i=1}^{n} \left(f_\theta(x^{(i)}) - y^{(i)} \right) \\
\theta_1 &:= \theta_1 - \eta \sum_{i=1}^{n} \left(f_\theta(x^{(i)}) - y^{(i)} \right) x^{(i)}
\end{aligned}
\tag{2.3.18}
$$

우웅. 꽤 복잡한 식이 됐네. 이 식에 따라 θ_0과 θ_1을 갱신해가면 알맞는 1차 함수 $f_\theta(x)$를 발견할 수 있다는 거지?

바로 그거야. 이 방법을 통해 발견한 알맞는 $f_\theta(x)$에 임의의 광고비를 입력하면 해당 광고비에 대응하는 클릭 수가 출력되는 거야. 이렇게 해서 광고비를 가지고 클릭 수를 예측할 수 있게 됐어.

단순한 1차함수를 찾는 일로 이렇게 고생하다니... 찾고 나서도 별로 기쁘지 않아.

처음에 이야기했듯이 이해를 돕기 위해 문제를 단순하게 설정했기 때문에 기쁨이 그다지 전해지지 않은 것 같구나. 조금 더 어려운 예를 살펴볼까?

조금 피곤해졌어. 휴식시간을 갖자. 함께 도너츠를 먹자구!

좋지!

Section 4 다항식 회귀

도너츠 참 맛있었어!

맛있었지? 역시 단 게 최고야. 그런데 회귀에 대해 할 얘기가 남아 있지 않았어?

그랬지. 아까 하던 회귀에 관한 이야기를 조금 발전시켜서 해볼게.

이렇게 시작하면 갑자기 어려운 이야기가 나오더라.

앞서 했던 이야기를 이해할 수 있었다면 지금 하는 이야기도 그다지 어렵지 않을 거야. 우리가 예측을 위한 1차 함수를 정의했던 것을 기억하고 있지?

식 2.3.1에 나온 아래와 같은 식이었지?

$$f_\theta(x) = \theta_0 + \theta_1 x \tag{2.4.1}$$

응, 그거. 1 차 함수니까 함수의 모양은 직선이지?

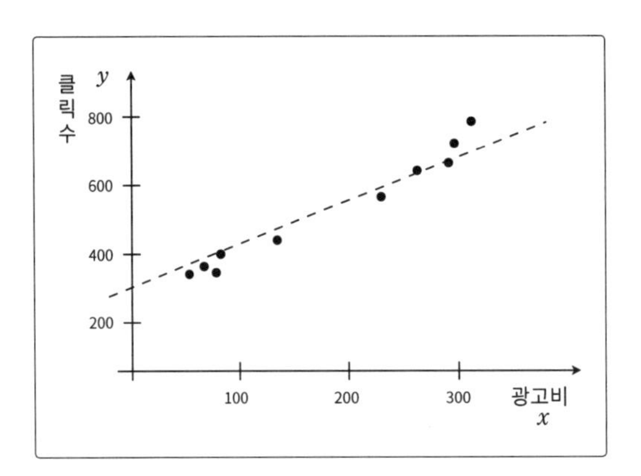

그림 2-15

응, 직선이야. 미분을 사용해서 이 함수의 기울기와 절편을 구하는 작업을 아까 했었지.

응. 그렇지만 처음에 본 그래프는 사실은 직선보다는 곡선이 더 알맞도록 데이터가 만들어져 있었어.

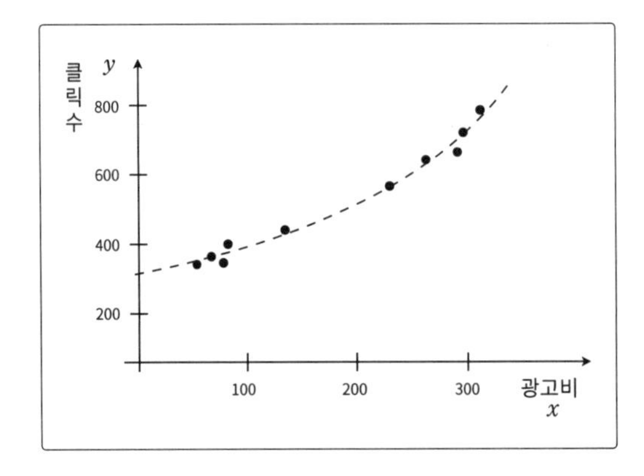

그림 2-16

진짜네! 곡선 그래프가 직선보다 맞는 것 같아.

함수 $f_\theta(x)$를 2차 함수로 정의하면 이 곡선을 만들 수 있어.

$$f_\theta(x) = \theta_0 + \theta_1 x + \theta_2 x^2 \tag{2.4.2}$$

그렇구나. 2차 함수는 곡선이라고 이미 알고 있지.

또는 더 큰 차수를 가진 식을 정의해도 괜찮아. 그렇게 하면 더욱 복잡한 곡선을 적용할 수 있어.

$$f_\theta(x) = \theta_0 + \theta_1 x + \theta_2 x^2 + \theta_3 x^3 + \cdots + \theta_n x^n \tag{2.4.3}$$

오, 이거 멋진데? $f_\theta(x)$를 무엇으로 정의할지는 마음대로 정해도 되는 거야?

그래. 풀어야 할 문제에 어떤 식이 가장 알맞는지를 찾아가며 시험해봐야 하지만 말이야.

차수를 늘리면 늘릴수록 정확하게 맞는 것 아니니?

정확히 맞긴 하겠지만 **과잉적합**이라는 피할 수 없는 다른 문제를 만나게 돼. 이에 관한 이야기를 하면 화제가 바뀌니까 나중에 설명할게.

세상에는 거저 되는 일이 없구나...

하던 이야기를 다시 할게. 방금 본 2차식은 θ_2라는 매개변수가 하나 더 생겼지? θ_2의 갱신식을 도출하는 방법은 알겠어?

처음에 했던 것처럼 목적함수를 θ_2로 편미분해서 구하면 되지 않을까?

바로 그거야! 아까 했던 것처럼 $u=E(\theta)$, $v=f_\theta(x)$라고 두고 u를 θ_2로 편미분해서 갱신식을 구해보자.

u를 v로 미분하는 부분은 똑같으니까 v를 θ_2로 미분하는 부분만 하면 되지?

$$\begin{aligned}\frac{\partial v}{\partial \theta_2} &= \frac{\partial}{\partial \theta_2}\left(\theta_0 + \theta_1 x + \theta_2 x^2\right) \\ &= x^2\end{aligned} \tag{2.4.4}$$

그래. 잘했어. 결국 매개변수의 갱신식은 다음이 되는 거야.

$$\begin{aligned}\theta_0 &:= \theta_0 - \eta \sum_{i=1}^{n}\left(f_\theta(x^{(i)}) - y^{(i)}\right) \\ \theta_1 &:= \theta_1 - \eta \sum_{i=1}^{n}\left(f_\theta(x^{(i)}) - y^{(i)}\right)x^{(i)} \\ \theta_2 &:= \theta_2 - \eta \sum_{i=1}^{n}\left(f_\theta(x^{(i)}) - y^{(i)}\right){x^{(i)}}^2\end{aligned} \tag{2.4.5}$$

이 식 말이야. 매개변수가 $\theta_3, \theta_4, \cdots$라는 식으로 늘어나도 같은 방법으로 갱신식을 구할 수 있는 거니?

응. 그래. 이렇게 다항식의 차수를 늘린 함수를 사용하는 것을 **다항식 회귀**라고 한단다.

약간 어려워질 것 같아서 긴장하고 있었는데 막상 해보니까 그다지 어렵지 않구나.

Section 5 중회귀

회귀에 대해 할 이야기가 조금 더 남았어. 끝까지 이야기할게.

이번에는 진짜 어려워지려나?

이제까지는 광고비가 정해지면 클릭 수가 정해졌지?

그것을 전제로 하고 있었으니까.

그러나 실제로 해결하려는 문제는 변수가 두 개 이상인 복잡한 문제인 경우가 많잖아.

방금 전에 봤던 다항식 회귀에서 x^2나 x^3를 사용했었지.

그게 아니야. 다항식 회귀에서는 각각 다른 차수를 가진 항을 생각하긴 했었지만 실제로 사용한 변수는 광고비뿐이었잖아.

우웅. 그래? 무슨 얘기를 하는지 모르겠네.

문제 설정을 조금 확장해볼게. 광고비가 정해지면 클릭 수가 정해진다는 설정이었는데 클릭 수를 결정하는 것은 광고비 외에도 광고의 표시 위치나 광고의 크기와 같은 여러 가지 요소가 있잖아.

아. 그렇군. 변수가 두 개 이상이라는 이야기네.

그렇지만 변수가 광고비 하나뿐일 때는 그래프에 점으로 나타낼 수 있었지만 변수가 세 개 이상이 되면 그래프에 가시화할 수 없게 되니까 이제부터는 그림으로 나타낼 수 없어.

그래프로 나타낼 수 없다니 앞날이 걱정되네.

그렇지만 이제까지 했던 이야기를 이해할 수 있다면 변수의 개수가 늘어도 그다지 어렵지 않을 거야.

자신의 실력을 믿고 따라갈 수밖에...

문제를 되도록 간단히 하기 위해 광고의 크기만 생각하기로 하고 광고비를 x_1라고 하고 광고란의 폭을 x_2, 광고란의 높이를 x_3이라고 하면 f_θ를 다음과 같이 나타낼 수 있어. 이해할 수 있겠지?

$$f_\theta(x_1, x_2, x_3) = \theta_0 + \theta_1 x_1 + \theta_2 x_2 + \theta_3 x_3 \tag{2.5.1}$$

함수가 받아들이는 변수가 이전에는 x뿐이었는데 이제는 세 개로 늘어났네. 이런 점만 달라졌다는 것은 알 것 같아.

자, 그럼 이때의 매개변수 $\theta_1, \cdots, \theta_3$를 구하려면 어떻게 해야 하지?

목적함수를 $\theta_1, \cdots, \theta_3$에 대해 각각 편미분하고 매개변수를 갱신해가면 되겠지?

바로 그거야! 너 이제 많이 익숙해졌구나.

오늘 공부도 쉬워서 다행이야. 그러고 나서 실제로 편미분하면 되지?

아, 잠깐. 그전에 식을 간단히 표기할 수 있는 방법이 있는데 그걸 먼저 공부하자.

식을 간단히 표기한다구? 무슨 말이야?

아까는 x_1, x_2, x_3이라는 세 개의 변수가 있었지? 이번에는 그것을 일반화해서 변수가 n개인 경우를 생각해보려고 하는데 그러면 f_θ는 어떻게 될 거 같니?

단순히 변수 n개를 쓰면 되니까 아래와 같이 쓰면 되지?

$$f_\theta(x_1, \cdots, x_n) = \theta_0 + \theta_1 x_1 + \cdots + \theta_n x_n \tag{2.5.2}$$

그래, 잘했어. 그렇지만 매번 그렇게 n개의 x를 쓰는 것은 번거롭지 않겠어? 그래서 매개변수 θ와 변수 x를 **벡터**로 간주해서 단순하게 표기하는 거야.

POINT

벡터에 관해서는 부록의 5절을 참고하기 바랍니다.

벡터란 크기와 방향이 있는 화살표로 나타내는 것이지? 벡터가 여기서 등장하는구나.

음, 여기서는 화살표라는 개념은 상관없어. 무엇을 하려고 하냐 하면 θ와 x를 열벡터로 정의할 거야. 열벡터는 알지?

열벡터로 정의한다는 것은, 즉 아래와 같이 쓰는 것 말이야? 그리고 벡터는 굵은 문자로 쓰는 거지?

$$\boldsymbol{\theta} = \begin{bmatrix} \theta_0 \\ \theta_1 \\ \theta_2 \\ \vdots \\ \theta_n \end{bmatrix} \quad \boldsymbol{x} = \begin{bmatrix} x_1 \\ x_2 \\ \vdots \\ x_n \end{bmatrix} \tag{2.5.3}$$

맞았어! 굵은 문자로 쓰는 것을 기억하고 있다니 대단한데. 그렇지만 조금 아쉬운 점이 있어. 이렇게 쓰면 $\boldsymbol{\theta}$와 $\boldsymbol{x}$의 차원이 달라서 다루기 힘들거든.

문자 개수가 이것뿐인데 어떻게 해?

벡터에 포함된 요소가 모두 문자여야만 하는 것은 아니야. 네가 쓴 벡터는 아래와 같이 다시 쓸 수 있어.

$$\boldsymbol{\theta} = \begin{bmatrix} \theta_0 \\ \theta_1 \\ \theta_2 \\ \vdots \\ \theta_n \end{bmatrix} \quad \boldsymbol{x} = \begin{bmatrix} 1 \\ x_1 \\ x_2 \\ \vdots \\ x_n \end{bmatrix} \tag{2.5.4}$$

응? 이렇게 마음대로 1을 추가해도 되는 거니?

나중에 계산해보면 오히려 이렇게 처음에 1을 써두는 편이 좋다는 것을 알게 돼. θ의 첨자가 0부터 시작하니까 여기에 맞추기 위해 $x_0=1$이라고 두고 벡터 $\boldsymbol{x}$의 첫 요소로 x_0를 놓으면 깔끔하지.

$$\boldsymbol{\theta} = \begin{bmatrix} \theta_0 \\ \theta_1 \\ \theta_2 \\ \vdots \\ \theta_n \end{bmatrix} \quad \boldsymbol{x} = \begin{bmatrix} x_0 \\ x_1 \\ x_2 \\ \vdots \\ x_n \end{bmatrix} \quad (x_0 = 1) \tag{2.5.5}$$

확실히 차원도 첨자도 같아져서 깔끔하긴 하네...

그럼 벡터 $\boldsymbol{\theta}$를 **전치**한 것과 벡터 $\boldsymbol{x}$를 곱해볼래?

$\boldsymbol{\theta}^T\boldsymbol{x}$를 계산하는 거지? 각 요소를 곱하고 그것을 모두 더하면 되겠지.

$$\boldsymbol{\theta}^{\mathrm{T}}\boldsymbol{x} = \theta_0 x_0 + \theta_1 x_1 + \theta_2 x_2 + \cdots + \theta_n x_n \tag{2.5.6}$$

이 식을 본 적이 있지? $x_0 = 1$이라는 점에 주의해야 해.

이거, 방금 전에 나왔던 식 2.5.2잖아.

그래. 이제까지 다항식으로 나타냈었던 f_θ는 벡터를 사용하면 이렇게 표현할 수 있는 거야. 벡터라고는 하지만 실제로 프로그래밍할 때는 단지 1차원 배열로 취급하지.

$$f_{\boldsymbol{\theta}}(\boldsymbol{x}) = \boldsymbol{\theta}^{\mathrm{T}}\boldsymbol{x} \tag{2.5.7}$$

오! 식이 정말 간단해졌네! 식의 표기를 간단히 한다는 것이 바로 이런 것이구나.

응, 그래. 그럼 이제까지 했던 것처럼 이 $f_\theta(\boldsymbol{x})$를 사용해서 매개변수의 갱신식을 구해보자구.

그래야지. 음... 그러니까... 벡터가 됐으니까... 아이고, 어떻게 해야 하지?

$u = E(\boldsymbol{\theta})$, $v = f_\theta(\boldsymbol{x})$라고 두는 것은 같아. 일반화해서 생각할 수 있도록 j번째 요소인 θ_j로 편미분하는 다음과 같은 식을 만들면 돼.

$$\frac{\partial u}{\partial \theta_j} = \frac{\partial u}{\partial v} \cdot \frac{\partial v}{\partial \theta_j} \tag{2.5.8}$$

그렇군. $\boldsymbol{u}$를 v로 미분하는 것은 이전에 했던 것과 같구나. v를 θ_j로 미분하면 되겠지? 이렇게?

$$\begin{aligned}\frac{\partial v}{\partial \theta_j} &= \frac{\partial}{\partial \theta_j}(\boldsymbol{\theta}^{\mathrm{T}}\boldsymbol{x}) \\ &= \frac{\partial}{\partial \theta_j}(\theta_0 x_0 + \theta_1 x_1 + \cdots + \theta_n x_n) \\ &= x_j\end{aligned} \quad (2.5.9)$$

잘했어! j번째 매개변수의 갱신식은 결국 다음과 같은 식이 된단다.

$$\theta_j := \theta_j - \eta \sum_{i=1}^{n} \left(f_{\boldsymbol{\theta}}(\boldsymbol{x}^{(i)}) - y^{(i)} \right) x_j^{(i)} \quad (2.5.10)$$

이전에는 각각의 θ에 대해 갱신식을 썼는데 이제는 이렇게 하나로 정리되는구나. 훌륭해!

이렇게 여러 개의 변수를 사용하는 것을 중회귀라고 해. 조금 어렵지 않았니?

더욱 어려울 것이라고 상상했지만 그렇지 않았던 것 같아. 식이 간단한 모양으로 정리된 걸 보니까 기분이 상쾌하네.

일반화해서 생각할 수 있다는 점이 수학의 묘미라고 할 수 있지.

그런데 최급하강법이란 것은 모든 학습 데이터의 개수만큼 반복해서 계산해야 하는 것이잖아. 요즘은 많은 데이터를 모을 수 있다고 하는데 학습 데이터가 많으면 루프 횟수가 늘어나서 시간이 굉장히 많이 걸리지 않을까?

오, 네가 매일 프로그램을 만드니까 잘 아는구나. 효율성 측면이 걱정되는 거구나.

일단 프로그램이 동작하기만 하면 다 된 것이 아니니까.

네가 말한 것처럼 계산량이 많아서 느려지는 것이 최급하강법의 단점 중 하나야.

역시 그렇군. 조금 더 효율적인 알고리즘은 없나?

물론 있지.

Section 6 확률 경사하강법

마지막으로 **확률 경사하강법**이라는 알고리즘을 알아보고 오늘은 끝내자구.

그게 바로 효율적인 알고리즘이니?

응. 그렇지만 그 전에 최급하강법에는 계산이 많이 걸리는 것 외에 또 하나의 단점이 있어.

어머. 단점이 또 있어?

국소해에 빠져버린다는 단점이야.

응? 아... 응? 뭐?

회귀를 설명할 때 제곱오차를 적용한 목적함수를 사용했던 것 기억하지? 그 목적함수는 모양이 단순했기 때문에 문제없었지만 이번에는 조금 더 복잡한 다음과 같은 함수를 생각해보자.

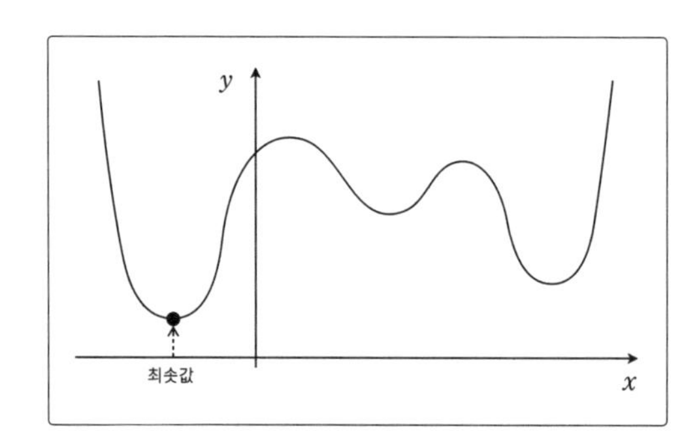

그림 2-17

구불구불한 그래프가 나왔네...

최급하강법으로 함수의 최솟값을 찾을 때도 일단 처음에 어느 x부터 시작할지 정해야 하잖아. 잘 봐. $g(x)$를 사용해서 설명했을 때도 $x=3$이라든가 $x=-1$부터 시작했었지?

응. 그랬어. 그땐 왜 3이나 –1부터 시작했을까?

설명하기 편하도록 내가 대강 정한 거야.

아, 그럼 실제로 문제를 풀 때도 초깃값은 대강 정해도 되는 거니?

난수를 사용해서 선택할 때가 많아. 그렇지만 그렇게 매번 초깃값이 변하면 **국소해에 빠진다**는 문제가 발생하지.

무슨 말인지 전혀 모르겠어...

예를 들면 초깃값을 다음 그림에 표시한 위치로 정했다고 해보자구.

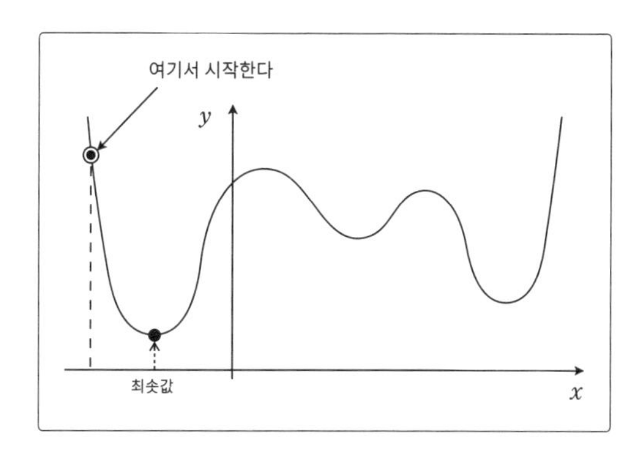

그림 2-18

왠지 알 것 같아. 그곳에서 시작하면 최솟값이 제대로 구해질 것 같은데.

그럼 반대로 최솟값이 구해지지 않는 것은 어떤 때일까?

아래와 같은 위치를 초깃값으로 잡았을 때가 아닐까? 도중에 멈춰버릴 것 같아.

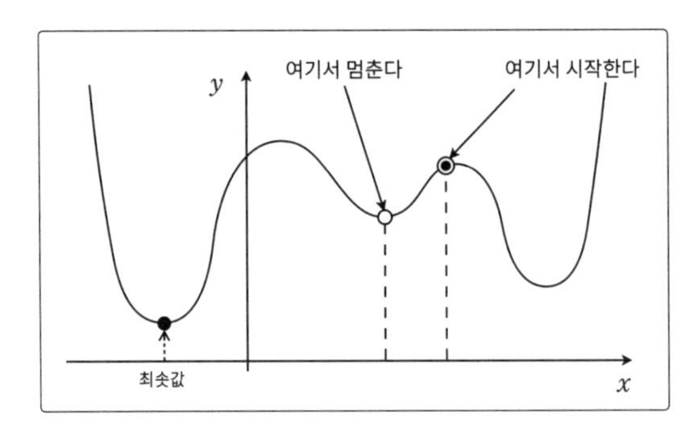

그림 2-19

맞았어. 그렇게 국소해에 빠지게 되는 거야.

알고리즘이 단순한 만큼 여러 가지 문제가 있다는 말이구나. 모처럼 알게 됐는데 참 안타깝다.

그렇지만 최급하강법을 배운 것이 헛된 일은 아니야. 확률 경사하강법은 최급하강법을 기초로 하고 있으니까.

아, 그렇구나.

최급하강법의 매개변수 갱신식은 기억하고 있지?

응. 식 2.5.10에 나온 아래와 같은 식이잖아.

$$\theta_j := \theta_j - \eta \sum_{i=1}^{n} \left(f_{\boldsymbol{\theta}}(\boldsymbol{x}^{(i)}) - y^{(i)} \right) x_j^{(i)} \tag{2.6.1}$$

그래. 이 식은 모든 학습 데이터의 오차를 사용하는데 확률 경사하강법에서는 학습 데이터를 무작위로 한 개 골라서 그것을 매개변수 갱신에 사용하지. 다음 식에 있는 k는 무작위로 선택된 인덱스야.

$$\theta_j := \theta_j - \eta(f_{\boldsymbol{\theta}}(\boldsymbol{x}^{(k)}) - y^{(k)})x_j^{(k)} \tag{2.6.2}$$

시그마 기호가 없어졌어.

최급하강법으로 매개변수를 한 번 갱신하는 동안에 확률 경사하강법으로는 매개변수를 n번 갱신할 수 있고 학습 데이터를 무작위로 선택해서 해당 시점에서의 경사를 사용해 매개변수를 갱신해가기 때문에 목적함수의 국소해에 빠지기 어려운 거야.

학습 데이터를 무작위로 선택해서 학습한다는 거 말이야. 그렇게 느슨한 방법으로 답을 제대로 낼 수 있는 거야?

신기하게도 실제로 해보면 제대로 수렴하거든.

그것 참 신기하구나.

학습 데이터를 무작위로 하나 선택한다는 이야기를 했는데 학습 데이터를 무작위로 m개만 선택해서 매개변수를 갱신하는 방법도 있어.

그래? 몇 개를 선택할지는 자신이 정해도 되는 거야?

응. 무작위로 m개 선택된 학습 데이터의 인덱스 집합을 K라고 두면 아래와 같이 매개변수를 갱신해가게 돼.

$$\theta_j := \theta_j - \eta \sum_{k \in K} \left(f_{\boldsymbol{\theta}}(\boldsymbol{x}^{(k)}) - y^{(k)} \right) x_j^{(k)} \tag{2.6.3}$$

POINT

$\sum_{k \in K}$에 관해서는 부록의 1절을 참고하기 바랍니다.

예를 들면 학습 데이터가 100개 있다고 할 때 $m=10$이면 $K=\{61, 53, 59, 16, 30, 21, 85, 31, 51, 10\}$이라는 식으로 무작위로 10개의 인덱스 집합을 만들어서 매개변수를 갱신해가기를 반복하면 되는 거야?

맞았어. 이런 방법을 미니배치법이라고 불러.

최급하강법과 확률 경사하강법의 중간을 취한 것이네.

확률 경사하강법이든 미니배치법이든 학습률 η에 대해서는 반드시 생각해야 해. η를 적절한 값으로 설정하는 것은 중요한 일이거든.

그런데 학습률은 어떻게 정하는 거야? 이것도 대강 정하면 되나?

그건 참 어려운 문제야. 값을 바꿔가면서 시행착오를 거쳐 정하기도 하지만 이 문제를 해결하기 위한 아이디어는 이미 몇 가지가 나와 있으니까 조사해 보면 재미있을 거야.

그렇구나. 오늘은 많은 것을 배워서 피곤하구나... 구현할 때 검색해 볼게.

그렇게 해. 실제로 구현하기도 전에 모든 것을 한꺼번에 배우면 머리가 터질 수도 있으니까.

응, 고마워!

Chapter

3

분류에 대해 배워보자

이미지 크기를 기준으로 분류한다

이번 장에서 연아는 소희에게 분류에 관해 배운다고 합니다.
연아는 패션 사진을 분류하고 싶다고 하는데 과연 할 수 있을까요?
조금 어려운 용어도 등장할 것 같은데
소희가 차근차근 설명해줄 테니
여러분도 연아와 함께 즐겁게 배울 수 있을 것입니다.

Section 1 문제 설정

그럼 오늘은 분류에 관해 알아보자. 회귀를 설명할 때처럼 구체적인 예를 들며 이야기를 진행할 거야.

응, 알았어. 구체적인 예는 내 장래의 남자친구만큼 중요하지.

무슨 소린지 모르겠지만... 응. 어디서부터 이야기를 시작해 볼까.

그러고 보니 내 웹사이트에 돈을 조금 들여 광고를 올렸더니 접속 수가 늘어서 패션 사진도 많이 쌓였으니까 이 사진들을 분류해 보면 어떨까?

사진은 고차원이라서 이미지에 관련된 처리를 배우는 것은 조금 어렵지 않을까?

아, 그렇구나. 사진이 많이 모인 김에 해보려고 했는데...

그럼 이미지의 내용은 보지 않고 이미지의 가로 세로의 크기만 보고 해당 이미지가 세로로 긴 것인지 가로로 긴 것인지를 분류하는 처리를 이야기해 볼까?

요컨대 이미지를 두 가지로 나누는 **2값 분류** 문제가 되는 거지?

바로 그거야. 세로로 긴지 가로로 긴지는 이미지의 크기를 보면 금방 알 수 있지만 분류에 관해 처음에 해볼 예로는 이 정도가 딱 좋을 것 같아.

쉽다는 것은 대환영이지만 너무 쉬우면 별로 재미없을 것 같은데...

그렇긴 하지. 해결하려는 문제를 설정하는 일 자체는 쉽겠지만 분류에 관해 제대로 설명할 수 있는 예니까 안심해도 돼.

알겠습니다! 일단은 선생님의 이야기를 들어봐야지요.

예를 들어 아래의 이미지는 세로로 길까? 가로로 길까?

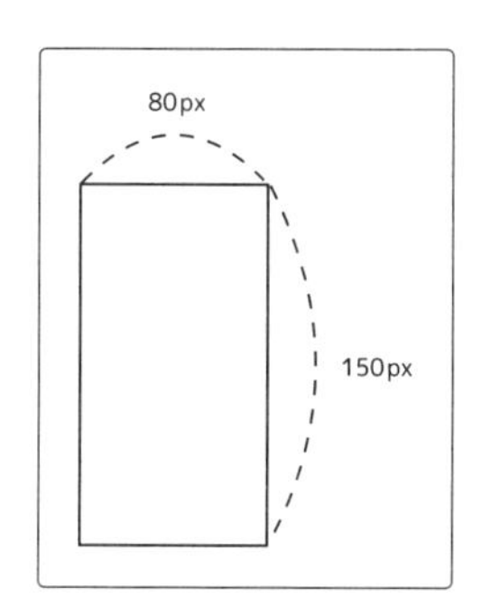

그림 3-1

물론 세로로 길지.

그럼 이것은?

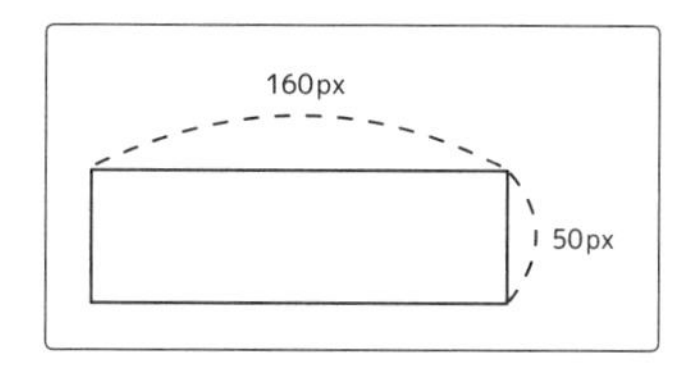

그림 3-2

가로로 길지.

이렇게 해서 두 개의 학습 데이터가 완성된 거야.

표 1-1

폭	높이	모양
80	150	세로로 긴
160	50	가로로 긴

그렇구나. 높이와 폭 부분이 데이터이고 모양 부분이 레이블이구나.

바로 그거야. x축을 이미지의 폭이라고 하고 y축을 이미지의 높이라고 하면 지금 우리가 보고 있는 학습 데이터는 다음과 같이 그래프로 나타낼 수 있어. 알겠지?

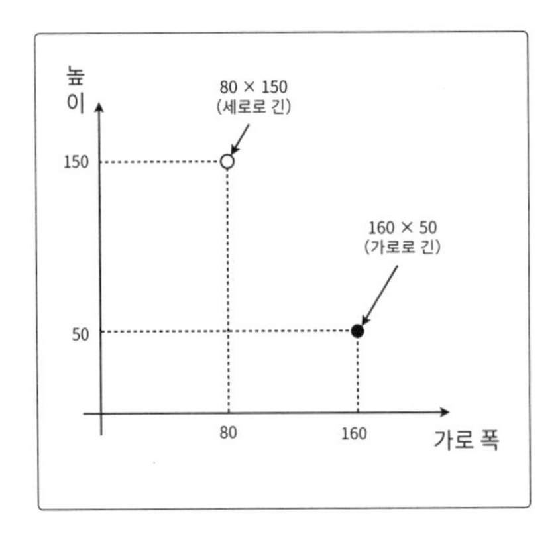

그림 3-3

흰 점이 세로로 긴 이미지이고 검은 점이 가로로 긴 이미지라는 이야기이군. 음... 알 것 같아.

다행이다. 학습 데이터 두 개로는 부족하니까 조금 더 만들어 보자구.

표 3-2

폭	높이	모양
80	150	세로로 긴
60	110	세로로 긴
35	130	세로로 긴
160	50	가로로 긴
160	20	가로로 긴
125	30	가로로 긴

그래프로 나타내면 다음과 같겠지?

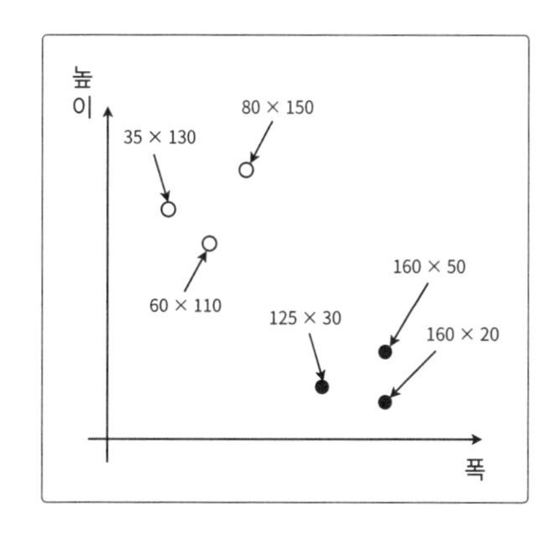

그림 3-4

응. 잘했어 이 그림 안에 있는 흰 점과 검은 점을 분할하기 위해 선을 한 개만 긋는다고 하면 어떻게 그을 수 있을까?

이건 뭐 그냥 이렇게 그으면 되지.

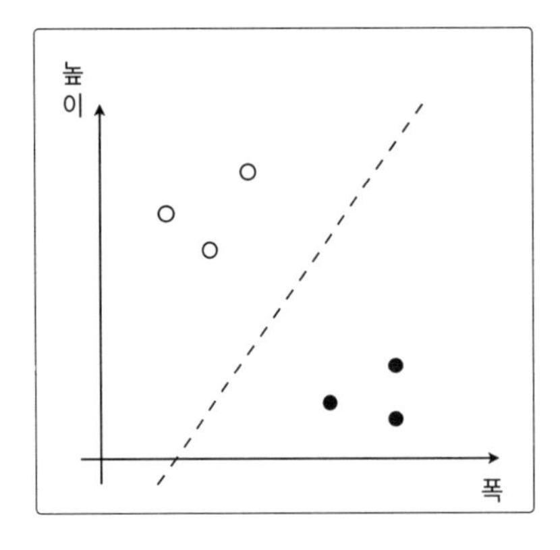

그림 3-5

잘했어. 지금 하고 있는 분류의 목적은 이 선을 찾는 것이었어.

그렇구나. 이 선을 찾고 나서 그 후에는 새로 생겨난 데이터가 이 선의 어느 쪽에 있는지만 알면 가로로 긴 모양인지 세로로 긴 모양인지 알 수 있다는 이야기지?

Section 2 내적

선을 찾아낸다는 것은 회귀를 배울 때처럼 1차 함수의 기울기와 절편을 구하는 것을 말하지?

미안해. 틀렸어.

응? 그래? 이 선도 절편과 기울기가 있는 1차 함수인 것 같은데...

이번에는 벡터를 찾아내는 것이 목적이야.

벡터... 또 나왔구나.

벡터 그리고 이후 등장하는 내적에 관해서는 부록의 5절을 참고하기 바랍니다.

분류 문제에서는 도형적으로 해석하는 것이 편하기 때문에 크기와 방향을 가진 화살표인 벡터를 생각하면 좋아.

무슨 뜻인지 전혀 모르겠잖아. 살려줘!

방금 전에 네가 그은 선은 **웨이트 벡터**를 **법선 벡터**로 한 직선이야. 웨이트 벡터를 $\boldsymbol{w}$라고 했을 때 해당 직선의 방정식은 다음과 같아.

$$\boldsymbol{w} \cdot \boldsymbol{x} = 0 \tag{3.2.1}$$

점점 수렁에 빠지는 기분이야... 도대체 웨이트 벡터가 뭐야? 그리고 방정식의 의미도 전혀 모르겠어...

웨이트 벡터는 요컨대 우리가 알고 싶어하는 미지의 매개변수이고 $\boldsymbol{w}$는 웨이트를 영어로 표현한 'Weight'의 이니셜이야. 이전에 회귀를 공부할 때 미지의 매개변수 θ를 구하려고 애썼었지? 그것과 같은 거야.

명칭이 다를 뿐 매개변수라는 얘기네.

응. 이 식 3.2.1은 벡터끼리의 **내적**인데 내적이 무엇인지는 알고 있어?

내적을 계산하는 법은 알고 있는데...

실벡터 공간의 내적은 각각의 요소를 곱하고 그것을 모두 더한 것이니까 방금 본 식은 다음과 같이 쓸 수 있어.

$$\boldsymbol{w} \cdot \boldsymbol{x} = \sum_{i=1}^{n} w_i x_i = 0 \tag{3.2.2}$$

맞아 맞아. 내적이란 이런 것이었어. 이 문제는 폭과 높이라는 2차원을 다루고 있으니까 $n=2$가 되는 것이지?

그래. 구체적으로 Σ기호를 전개한 것은 다음과 같아.

$$\boldsymbol{w} \cdot \boldsymbol{x} = w_1 x_1 + w_2 x_2 = 0 \tag{3.2.3}$$

응, 알 것 같아. 그리고 법선이라는 것은 수직을 의미한다고 기억하는데...

POINT

법선에 관해서는 부록의 5절을 참고하기 바랍니다.

그렇지. 법선은 어떤 직선에 수직인 벡터를 말해. 이해하기 어렵다면 구체적인 값을 대입해 보면 알기 쉽지. 예를 들어, 웨이트 벡터가 $\boldsymbol{w}=(1, 1)$이라고 하면 내적 식은 어떻게 될까?

일단 대입하기만 하면 되니까 다음과 같겠지?

$$\begin{aligned} \boldsymbol{w} \cdot \boldsymbol{x} &= w_1 x_1 + w_2 x_2 \\ &= 1 \cdot x_1 + 1 \cdot x_2 \\ &= x_1 + x_2 = 0 \end{aligned} \tag{3.2.4}$$

맞았어. 양변을 이항해서 약간 변형하면 $x_2=-x_1$이 되지? 이것은 기울기가 –1인 직선이라고 말할 수 있어.

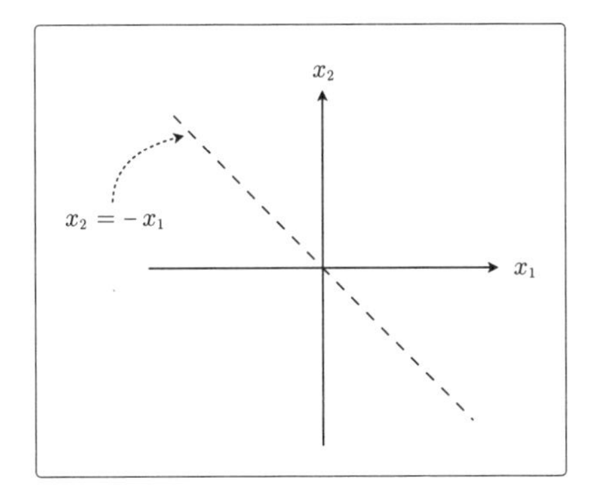

그림 3-6

아... 내적이란 것이 이런 직선 그래프를 나타내는 것이었구나.

그래. 방금 정한 웨이트 벡터 $\boldsymbol{w}=(1, 1)$을 이 그림에 첨가해보면 더욱 알기 쉬울 거야.

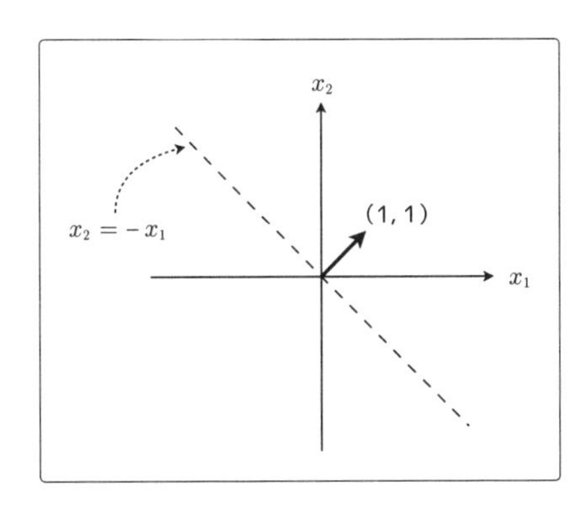

그림 3-7

웨이트 벡터 $\boldsymbol{w}$가 직선에 수직이 됐네.

이것이 바로 '웨이트 벡터를 법선 벡터로 하는 직선'을 도형적으로 해석한 모습이야. 알겠지?

참 재미있구나. 도형적 해석이라는 말에 생각났는데 말야. 내적을 벡터들 사이의 각도 θ와 cos을 사용해서 식으로 나타낼 수 있었던 것 같은데. 다음과 같이 말이야.

$$\boldsymbol{w} \cdot \boldsymbol{x} = |\boldsymbol{w}| \cdot |\boldsymbol{x}| \cdot \cos\theta \tag{3.2.5}$$

내적의 또 다른 식 말이구나. 이렇게 써도 맞아. 이 식에 있는 $|\boldsymbol{w}|$와 $|\boldsymbol{x}|$는 벡터의 길이를 나타내니까 반드시 양수여야 하지. 따라서 내적이 0이 된다는 말은 $cos\theta=0$이라는 것을 의미해. $cos\theta=0$이 된다는 것은 $\theta=90°$ 또는 $\theta=270°$가 된다는 것을 의미하고, 이것은 직각이라는 것을 말해주지.

그렇구나. 그렇게 $\boldsymbol{w}$와 직각을 이루는 벡터가 무수히 많이 있고 그 벡터들 전체가 직선이 된다는 말이지?

여러 측면에서 보면 참 재미있고 더욱 이해하기 쉽지?

그렇다면 결국 내가 그은 직선에 직각인 웨이트 벡터를 찾아내면 되는 것이구나.

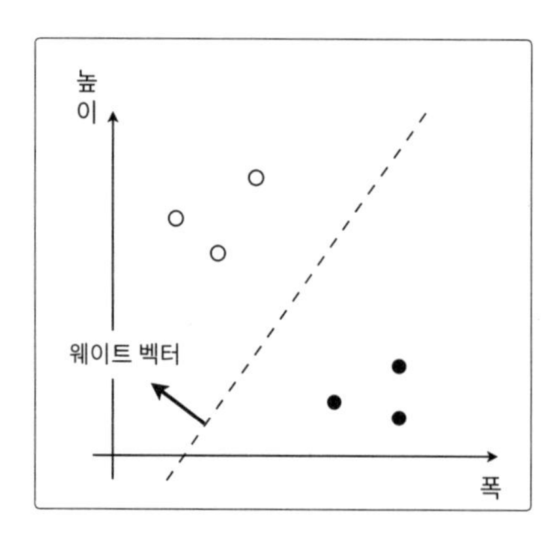

그림 3-8

바로 그거야. 물론 네가 아까 그은 것과 같은 직선이 있다는 것은 아니고 학습을 통해 웨이트 벡터를 찾아내면 해당 벡터에 수직인 직선이 무엇인지 알게 되고 그 직선을 기준으로 데이터를 분류할 수 있어.

Section 3 퍼셉트론

웨이트 벡터는 구체적으로 어떻게 구하는 거니?

기본적인 부분은 회귀를 배울 때 한 것과 같아. 웨이트 벡터를 매개변수로 하고 갱신식을 만들어 매개변수를 갱신해가는 거야. 이제부터 내가 설명하려고 하는 것은 **퍼셉트론**이라는 모델이야.

퍼셉트론! 머신러닝에 관해 조사할 때 이름이 잠깐 나와서 이름만 알고 있는데 그 이름이 참 멋지지 않니?

머신러닝의 입문 과정에서 자주 나오는 단어지. 퍼셉트론은 여러 개의 입력을 받아 각각의 값에 웨이트를 곱해서 모두 더한 것이 출력되는 형태의 모델인데 다음과 같이 그림으로 나타낼 수 있어.

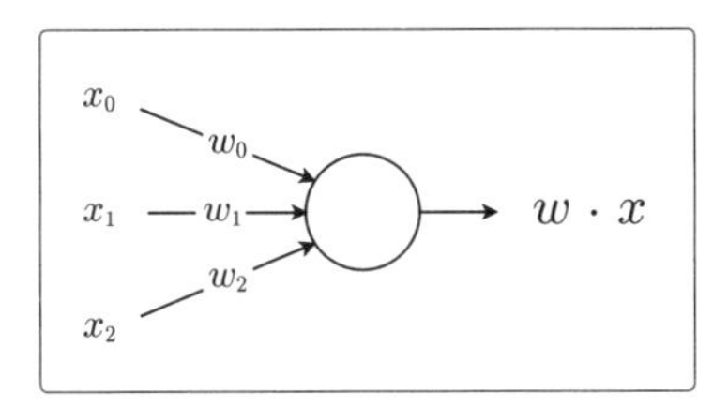

그림 3-9

아, 벡터끼리의 내적이네. 이 그림도 본 적이 있어.

그렇지만 이번에는 도형적인 시점에서 설명해볼까? 이렇게 설명하는 편이 직관적으로 이해하기 쉬울 것 같거든.

그렇구나. 난 이해할 수만 있다면 어떤 방법이든 괜찮아.

그리고 퍼셉트론은 매우 단순한 모델이기 때문에 실제 문제에 적용되는 경우는 거의 없지만 신경망이나 딥러닝의 기초가 되는 모델이니까 알아둬서 나쁠 건 없을 거야.

딥러닝의 기초가 되는 개념이구나. 머신러닝의 기초 부분을 이해하고 나서 딥러닝도 알고 싶어. 나중에 꼭 가르쳐 줘.

당연하지! 잠깐 이야기가 빗나갔는데 이제 퍼셉트론에 관해 자세히 알아보자구.

퍼셉트론에서 매개변수 갱신식은 어떤 모양이 되지?

매개변수 갱신식을 알아보기 전에 몇 가지 준비해둬야 할 게 있으니까 먼저 그걸 설명하는 게 좋겠어.

우왕, 왠지 힘들 것 같은데...

Section 3 | Step 1 | 학습 데이터를 준비한다

먼저 학습 데이터에 관해 이야기할 거야. 폭을 나타내는 축을 x_1이라고 하고 높이를 나타내는 축을 x_2라고 했을 때 가로로 긴 모양과 세로로 긴 모양에 관해서는 y로 표시할 거야. 가로로 긴 것을 1이라고 표시하고 세로로 긴 것을 −1이라고 표시하자. 알겠지?

알았어. 표로 나타내면 아래와 같겠지?

표 3-3

이미지 크기	모양	x_1	x_2	y
80×150	세로로 긴	80	150	–1
60×110	세로로 긴	60	110	–1
35×130	세로로 긴	35	130	–1
160×50	가로로 긴	160	50	1
160×20	가로로 긴	160	20	1
125×30	가로로 긴	125	30	1

맞았어. 그리고 벡터 $\boldsymbol{x}$로 표시하면 가로로 긴 모양인지 세로로 긴 모양이지를 판정하는 함수, 즉 1이나 –1을 반환하는 함수인 $f_w(x)$를 다음과 같이 정의할 수 있어. 이 함수를 '식별 함수'라고 해.

$$f_{\boldsymbol{w}}(\boldsymbol{x}) = \begin{cases} 1 & (\boldsymbol{w} \cdot \boldsymbol{x} \geq 0) \\ -1 & (\boldsymbol{w} \cdot \boldsymbol{x} < 0) \end{cases} \tag{3.3.1}$$

요컨대 내적의 부호에 따라 반환하는 값이 달라지는 함수인가? 이런 걸 가지고 가로로 긴지 세로로 긴지 판정할 수 있겠어?

이제부터 살펴보자구. 예를 들면 웨이트 벡터 $\boldsymbol{w}$와 내적해서 음수가 되는 벡터 $\boldsymbol{x}$는 어떤 벡터일까? 도형적으로 해석하는 편이 알기 쉬우니까 cos이 포함된 다음과 같은 식을 가지고 생각해보는 게 좋을 것 같아.

$$\boldsymbol{w} \cdot \boldsymbol{x} = |\boldsymbol{w}| \cdot |\boldsymbol{x}| \cdot \cos\theta \tag{3.3.2}$$

내적해서 음수가 되는 벡터라... $|\boldsymbol{w}|$와 $|\boldsymbol{x}|$는 아까 네가 말했듯이 항상 양수가 되잖아. 그렇다는 것은 내적의 부호를 결정하는 것은 $cos\theta$이란 말이야?

맞아. 잘했어. $cos\theta$ 그래프를 떠올려 보자구. 음수가 될 때는 언제야?

$cos\theta$를 그래프로 나타내면 다음과 같겠지?

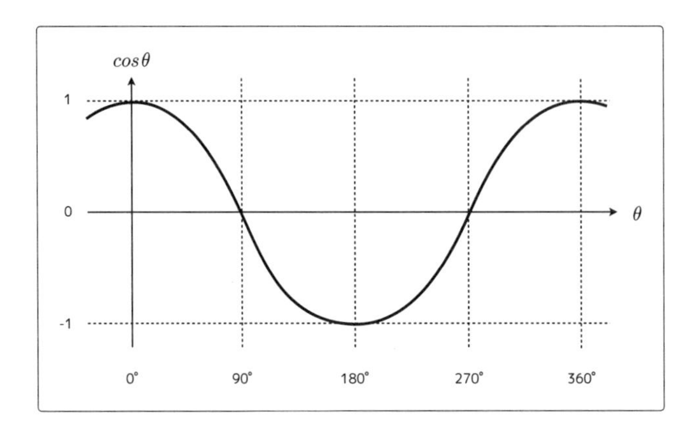

그림 3-10

$cos\theta$가 음수가 되는 구간은 $90° < \theta < 270°$이네.

정답이야! 그렇다면 그런 벡터는 도형적으로 어느 위치에 있을까?

웨이트 벡터 $\boldsymbol{w}$와 이루는 각 θ가 $90° < \theta < 270°$의 범위 안에 있는 모든 벡터이니까... 혹시 직선을 사이에 두고 웨이트 벡터와 반대인 영역일까?

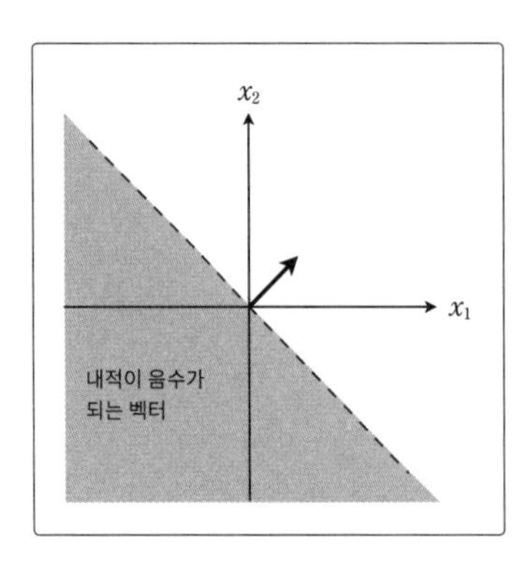

그림 3-11

바로 그거야! 여기까지 알았으면 내적이 양수가 되는 벡터도 알겠네.

음수가 되는 영역과 반대잖아.

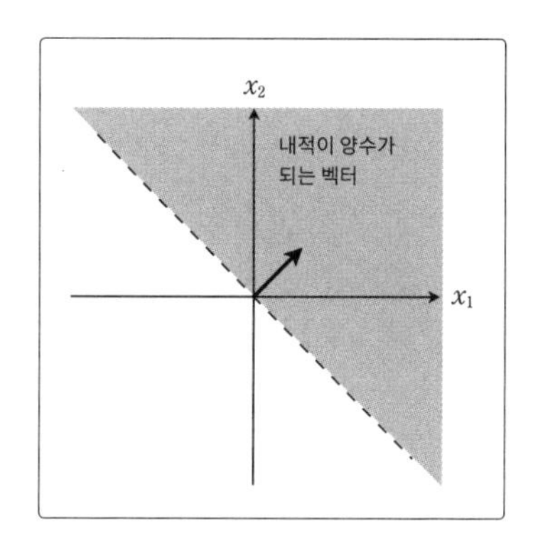

그림 3-12

맞았어. 이렇게 구체적으로 머릿속에서 상상할 수 있다는 것이 중요하지.

내적이 양인지 음인지에 따라 확실하게 분할할 수 있다는 것이네. 멋진데.

내적은 벡터끼리 얼마나 닮았는지를 알 수 있는 지표야. 부호가 양이면 닮은 것이고 0이면 직각이고 음이면 닮지 않았다는 것을 의미해.

내적에는 그런 의미가 있었구나. 학교에서 배운 것 같긴 한데 몽땅 잊어버렸어.

사용하지 않으면 잊어버리지.

| Section 3 | Step 2 | 웨이트 벡터 갱신식 |

Section 3 Step 2 웨이트 벡터 갱신식

자, 그럼 이걸로 준비는 끝난 것 같고... 이제까지 배운 것을 생각하면서 웨이트 벡터 갱신식을 정의해본 것은 다음과 같아.

$$\boldsymbol{w} := \begin{cases} \boldsymbol{w} + y^{(i)}\boldsymbol{x}^{(i)} & (f_{\boldsymbol{w}}(\boldsymbol{x}^{(i)}) \neq y^{(i)}) \\ \boldsymbol{w} & (f_{\boldsymbol{w}}(\boldsymbol{x}^{(i)}) = y^{(i)}) \end{cases} \tag{3.3.3}$$

i는 회귀를 배울 때 나온 것인데 학습 데이터의 인덱스이고 절대로 i승이라는 의미가 아니니까 주의해야 해. 이것을 모든 학습 데이터 대해 반복 처리해서 웨이트 벡터를 갱신해가는 거야.

우왕. 또 엄청나게 복잡한 식이 나왔어...

갑자기 알 수 없는 식이 등장했을 때는 일단 마음을 가라앉혀야 해. 식 전체가 복잡한 건 사실이지만 하나하나의 식은 그다지 어렵지 않으니까 각각의 식의 의미를 차분히 생각하고 나서 전체를 천천히 이해해가면 돼. 이제까지도 그렇게 해왔잖아?

응, 그렇긴 하지... 그럼 처음에는 위의 식에서 괄호 안에 있는 $f_w(\boldsymbol{x}^{(i)}) \neq y^{(i)}$부터 생각해볼까?

그러자구. 그 식은 무엇을 나타낸다고 생각해?

이미지의 폭과 높이를 나타내는 벡터 $\boldsymbol{x}$를 식별함수를 통해서 분류한 결과와 실제 레이블 y가 다르다는 의미지? 식별함수가 제대로 분류하지 못했다는 의미인가?

맞았어. 그런 의미야. 그럼 다른 하나인 $f_w(\boldsymbol{x}^{(i)}) = y^{(i)}$는?

그것은 식별함수가 제대로 분류했다는 의미겠지?

즉, 다시 말하면 앞서 나온 매개변수 갱신식은 식별함수를 통해 제대로 분류하지 못했을 때만 새로운 매개변수로 갱신한다는 의미야.

아, 그렇구나. 제대로 분류했을 때는 $\boldsymbol{w}$를 그대로 대입하니까 아무것도 변하는 게 없다는 이야기구나.

그래, 맞아. 그럼 이번에는 제대로 분류하지 못했을 때 갱신식이 어떻게 되는지에 관해 생각해 보자구.

$\boldsymbol{w} := \boldsymbol{w} + y^{(i)}\boldsymbol{x}^{(i)}$라는 식이지? 이건 잘 모르겠는데.

이건 식만 쳐다보고 있어봤자 알 수 없을 거야. 실제로 학습하는 과정을 그림으로 보면서 생각해보는 게 좋을 것 같아. 일단은 그림에 웨이트 벡터와 직선을 대강 그려봐.

웨이트 벡터를 대강 그린다구...? 그럼 이렇게 왼쪽 아래를 향한 것을 그려도 돼?

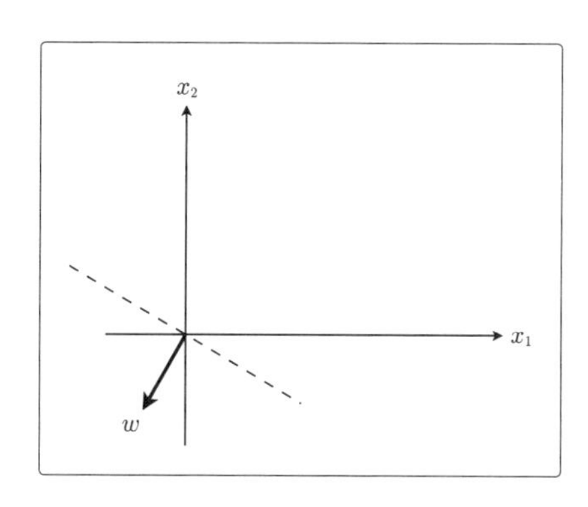

그림 3-13

응, 그렇게 그리면 돼. 웨이트 벡터는 무작위 값으로 초기화하니까 처음에는 일단 네가 그린 것처럼 벡터를 대강 놓으면 돼.

회귀에서 초깃값을 적당히 정한 것과 같네.

그 상태에서 첫 학습 데이터로 $\boldsymbol{x}^{(1)} = (125, 30)$이라는 데이터가 있다고 하면 일단은 이 학습 데이터를 가지고 매개변수를 갱신해 보자구.

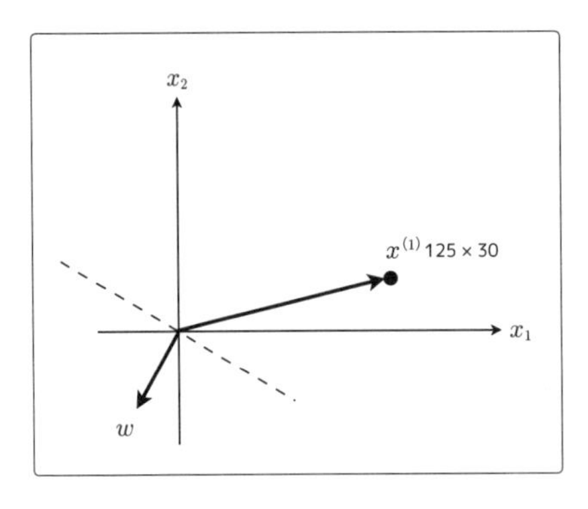

그림 3-14

이거 말야. 표 3-3에 열거한 학습 데이터 중 하나 아니야? 레이블은 '가로로 긴'으로 돼 있는 것.

표 3-4

이미지 크기	모양	x_1	x_2	y
125×30	가로로 긴	125	30	1

응, 그거야. 지금 웨이트 벡터 $\boldsymbol{w}$와 학습 데이터 벡터 $\boldsymbol{x}^{(1)}$이 각각 있는데 이 벡터들은 서로 반대 방향을 향하고 있으니까 $\boldsymbol{w}$와 $\boldsymbol{x}^{(1)}$이 이루는 각도 θ는 $90° < \theta < 270°$이 되어 내적은 음이 되잖아.
그렇다는 이야기는 식별함수 $f_w(\boldsymbol{x}^{(1)})$로 분류한 결과는 −1이 되지. 여기까지 알겠어?

응. 학습 데이터 $\boldsymbol{x}^{(1)}$의 레이블 $y^{(1)}$은 1이니까 $f_w(\boldsymbol{x}^{(1)}) \neq y^{(1)}$이 되어 분류에 실패한 상태구나.

자, 그럼 여기서 앞서 나온 갱신식이 적용되는 거야. 현재 $y^{(1)}=1$이니까 갱신식은 다음과 같아. 단순한 벡터의 덧셈이야.

$$\boldsymbol{w} + y^{(1)}\boldsymbol{x}^{(1)} = \boldsymbol{w} + \boldsymbol{x}^{(1)} \tag{3.3.4}$$

벡터의 덧셈 정도는 나도 할 수 있지. $\boldsymbol{w}+\boldsymbol{x}^{(1)}$은 다음과 같아.

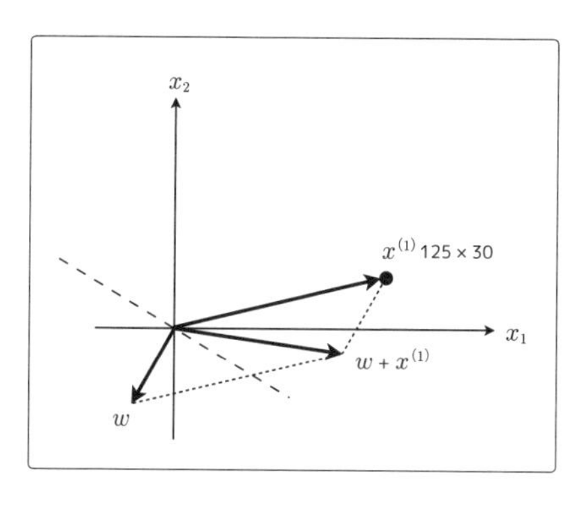

그림 3-15

그래. 그 $\boldsymbol{w}+\boldsymbol{x}^{(1)}$이 새로운 다음의 $\boldsymbol{w}$가 되는 것이니까. 새로운 웨이트 벡터에 수직인 직선을 그어 보면 선이 회전됐다는 것을 알 수 있어.

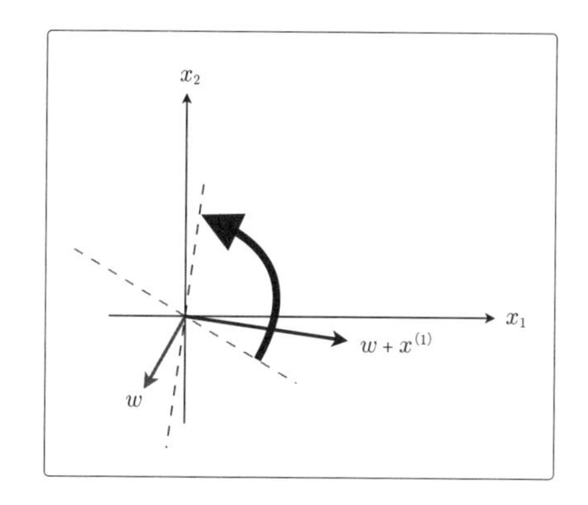

그림 3-16

진짜 그러네! 이게 아까는 $\boldsymbol{x}^{(1)}$이 직선을 끼고 웨이트 벡터와는 반대쪽에 있었는데 지금은 같은 쪽에 있어.

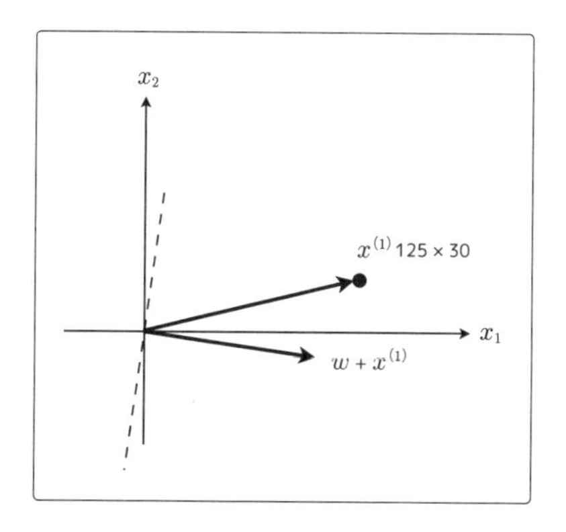

그림 3-17

응. 이번에는 $\theta < 90°$가 됐으니까 내적이 양이 되어 식별함수 $f_w(x)$를 통해 분류하면 1이 되지. 그리고 $x^{(1)}$의 레이블도 1이니까 제대로 분류됐다는 것을 알 수 있어.

아, 이렇게 매개변수의 웨이트 벡터가 갱신돼가는 거구나.

지금은 레이블의 값이 $y=1$이었지만 $y=-1$인 경우에도 갱신식의 벡터의 덧셈이 뺄셈이 될 뿐 과정은 같아.

덧셈과 뺄셈의 차이는 있지만 분류에 실패하면 웨이트 벡터가 갱신되어 그만큼 직선이 회전한다는 말이지?

맞았어. 이 갱신 과정을 모든 학습 데이터에 대해 반복해가는 것이 퍼셉트론 학습이야.

이 퍼셉트론을 사용해서 패션 사진을 분류해보고 싶어졌어.

이미지 분류라... 미안하지만 그건 할 수 없을 것 같아.

Section 4 선형분리가능

응? 그래? 퍼셉트론이 단순한 모델이라서 그런 거야?

그래. 퍼셉트론은 매우 단순해서 이해하기 쉽지만 그만큼 단점도 크단다.

세상에 쉬운 일이 없다니까...

그래 그래. 그래도 퍼셉트론을 공부하는 것이 헛된 일은 아니고 기초를 이해하고 나서 기법의 장단점을 아는 것도 중요한 일이잖아.

퍼셉트론의 단점은 뭔데?

가장 큰 문제는 **선형분리가능인 문제밖에 해결하지 못한다**는 점이야.

그게 뭐야? 선형분리가능...?

아까는 직선을 사용해서 학습 데이터를 분류했잖아. 그럼 예를 들어 동그라미가 1이고 가위가 −1이 되는 다음과 같은 학습 데이터가 있다고 하자. 이걸 분류하기 위해 직선을 한 개만 긋는다고 하면 어떤 선을 그을 수 있을까?

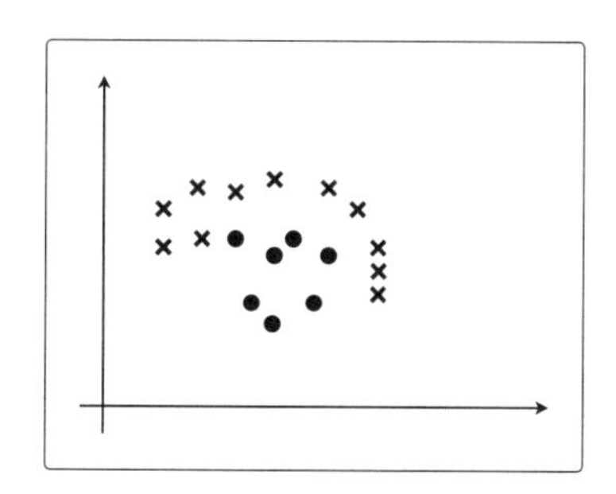

그림 3-18

아니, 이런 걸 어떻게 직선 한 개로 분류하라는 거야?(웃음)

그래. 분리할 수 없어. 선형분리가능이란 직선을 사용해서 분류할 수 있는 상태를 말하는데 이 문제처럼 직선으로 분류할 수 없는 경우는 선형분리가능이 아니야.

그럼 이미지 분류 같은 것은 선형분리가능이 아니란 얘긴가?

이미지는 일반적으로 입력이 매우 고차원이라서 가시화할 수 없어. 이미지의 특징을 찾아서 분류하는 작업은 그렇게 단순한 것이 아니거든. 대부분의 경우가 선형분리불가능이라고 생각하면 돼.

생각해 보니 퍼셉트론은 단순해서 실제 문제에 적용되는 경우는 거의 없다고 아까 말했었지?

응. 이제까지 설명한 퍼셉트론은 단순 퍼셉트론이나 단층 퍼셉트론이라고 말하기도 해. 이런 퍼셉트론은 매우 빈약한 모델이야. 그리고 다층 퍼셉트론이라는 것도 있거든. 사실은 이 다층 퍼셉트론이 **신경망**이야.

아, 그렇구나. 신경망이라... 그건 진짜 대단한 것이라고 들었어.

맞아. 매우 표현력이 높은 모델이야. 그렇지만 이것에 대해 이야기하면 주제에 벗어나니까 다른 기회에 이야기하자구.

퍼셉트론을 사용할 수 없다면 다른 좋은 해결책은 없니?

퍼셉트론과는 전혀 다를 테지만 선형분리불가능인 문제에도 적용할 수 있는 알고리즘도 있으니까 그걸 사용하는 것이 실용적이라고 할 수 있어.

그럼, 잠깐 쉬었다가 그것을 가르쳐 줘!

Section 5 로지스틱 회귀

역시 기초적인 기법으로는 실전에 응용하기 어려운가 봐.

그렇지. 하지만 구조를 이해해두는 것은 중요하다고 생각해.

기초가 있어야 응용이 있는 것이니까. 선형분리불가능인 문제에도 적용할 수 있는 알고리즘에는 어떤 것이 있니?

그럼 아까와 마찬가지로 이미지를 가로로 긴 것과 세로로 긴 것을 분류하는 예를 사용해서 생각해보자구.

응? 그거 선형분리가능한 문제 아니니? 선형분리불가능한 문제를 하는 거 아니야?

이제부터 설명할 알고리즘은 퍼셉트론과는 전혀 다른 거야. 일단은 선형분리가능한 문제부터 생각해보는 편이 기초를 이해하는 데 도움될 거 같아서.

역시 기초가 중요하단 것이군.

응. 그래. 일단은 기초부터 살펴보자구. 퍼셉트론과는 접근 방법이 다른데 이 알고리즘은 분류를 확률로 생각하는 방식이야.

응? 확률? 세로로 길 확률이 80%이고 가로로 길 확률이 20%라고 말하는 것처럼?

맞아. 잘 아네. 그리고 이번에는 가로로 긴 것을 1이라고 정하고 세로로 긴 것을 0이라고 정하겠어.

그래? 퍼셉트론을 할 때와 다르네. 세로로 긴 것이 −1이었잖아.

각각 다른 값이기만 하면 아무거나 정해도 괜찮은데 퍼셉트론을 할 때 1과 −1을 각각에 할당한 이유는 그렇게 하는 편이 매개변수 갱신식을 간결하게 쓸 수 있기 때문이었어. 지금은 1과 0을 할당하는 편이 갱신식을 간결하게 쓸 수 있지.

아, 그런 것은 사용하기 쉽도록 마음대로 정해도 되는구나.

| Section 5 | Step 1 | **시그모이드 함수** |

그럼 설명을 진행할 거야. 회귀를 설명할 때 매개변수가 있는 다음과 같은 함수를 정의했던 것 기억해?

$$f_{\boldsymbol{\theta}}(\boldsymbol{x}) = \boldsymbol{\theta}^{\mathrm{T}}\boldsymbol{x} \tag{3.5.1}$$

응, 기억하고 있어. 최급하강법이나 확률 경사하강법을 사용해서 매개변수 θ를 학습하는 것이었잖아. 그때 θ를 사용해 미지의 데이터 $\boldsymbol{x}$에 대한 출력값을 구할 수 있는 것이었지.

여기서도 개념은 같아. 미지의 데이터가 어느 클래스에 분류되는지를 구하는 함수 $f_{\theta}(\boldsymbol{x})$가 필요해.

퍼셉트론에서 나왔던 식별함수 $f_{w}(\boldsymbol{x})$와 같은 거야?

맞아. 역할은 같아. 매개변수는 회귀를 할 때처럼 θ를 사용하면 함수의 모양은 다음과 같아.

$$f_{\boldsymbol{\theta}}(\boldsymbol{x}) = \frac{1}{1 + \exp(-\boldsymbol{\theta}^{\mathrm{T}}\boldsymbol{x})} \tag{3.5.2}$$

강적이 나타났다! 갑자기 난이도가 확 올라갔어!

항상 그렇지 뭐. 침착하게 하나씩 알아가면 괜찮아.

$\exp(-\boldsymbol{\theta}^{\mathrm{T}}\boldsymbol{x})$는 뭐였더라?

exp는 지수함수야. $\exp(x)$와 e^x는 모양만 다를 뿐 의미는 같아. e는 **네이피어 수**라고 불리는 상수인데 구체적인 값은 2.7182...이야.

그렇구나. 그럼 $\exp(-\boldsymbol{\theta}^{\mathrm{T}}\boldsymbol{x})$는 $e^{-\boldsymbol{\theta}^{\mathrm{T}}\boldsymbol{x}}$라고 바꿔 쓸 수도 있겠네.

그래. 지수 부분이 복잡해지면 작은 문자를 가지고 표기했을 때 알아보기 불편하니까 그럴 때는 exp 표기법을 사용할 때가 많아.

그렇구나. exp를 사용하는 편이 확실히 알아보기 편한 것 같아.

다시 하던 이야기를 할게. 이 함수의 이름은 **시그모이드 함수**이고 $\boldsymbol{\theta}^{\mathrm{T}}\boldsymbol{x}$를 가로축으로 정하고 $f_\theta(\boldsymbol{x})$를 세로축으로 정해서 그래프로 나타낸 것은 다음 그림과 같아.

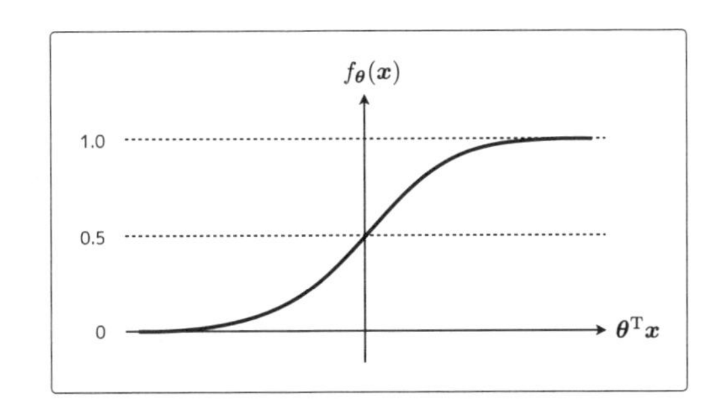

그림 3-19

와! 모양이 정말 예쁘다. 매끄럽게 생겼네.

$\boldsymbol{\theta}^{\mathrm{T}}\boldsymbol{x}=0$일 때 $f_\theta(\boldsymbol{x})=0.5$가 되는 부분과 $0 < f_\theta(\boldsymbol{x}) < 1$이라는 부분이 시그모이드 함수의 특징이지.

함수의 모양은 알았는데 이런 걸로 정말 분류할 수 있는 거야?

방금 분류를 확률로 생각한다고 말했는데 시그모이드 함수는 $0 < f_\theta(\boldsymbol{x}) < 1$이니까 확률처럼 다룰 수 있는 거야.

아, 그렇구나. 일단 시그모이드 함수가 확률로 다뤄진다는 것은 알았지만 그래도 이 시그모이드 함수를 사용해서 데이터를 분류할 수 있다는 것을 상상할 수가 없는데.

그건 이제부터 알아보자구.

Section 5 Step 2 최급하강법

식 3.5.2에 있는 $f_\theta(\boldsymbol{x})$가 확률로 다뤄진다고 말했는데 이제부터는 미지의 데이터 $\boldsymbol{x}$가 가로로 긴 모양일 때의 확률을 $f_\theta(\boldsymbol{x})$라고 정하겠어. 식으로 나타낸 것은 다음과 같아.

$$P(y=1|\boldsymbol{x}) = f_{\boldsymbol{\theta}}(\boldsymbol{x}) \tag{3.5.3}$$

아, 이거 뭐였더라... 확률 기호인가? P 함수 안에 있는 막대는 조건부 확률을 나타내는 것이었던가?

맞아. **조건부 확률**이야. $\boldsymbol{x}$라는 데이터가 주어졌을 때 $y=1$, 즉 가로로 긴 모양이 될 확률이라는 의미야. 예를 들어, $f_\theta(\boldsymbol{x})$를 계산해서 결과로 0.7이 나왔다면 이게 무엇을 의미한다고 생각해?

$f_\theta(\boldsymbol{x})=0.7$이라는 말은 가로로 길 확률이 70%라는 말인데... 일반적으로 생각해서 $\boldsymbol{x}$는 가로로 긴 것으로 분류된다는 건가?

그럼 이번에는 $f_\theta(\boldsymbol{x})=0.2$라면?

가로로 길 확률이 20%이고 세로로 길 확률이 80%이니까 세로로 긴 것으로 분류된 상태인 것 같아.

그래. 너는 지금 $f_\theta(\boldsymbol{x})=0.7$를 계산한 결과를 보고 0.5를 경곗값으로 해서 가로로 긴지 세로로 긴지를 분류한 거야.

$$y = \begin{cases} 1 & (f_{\boldsymbol{\theta}}(\boldsymbol{x}) \geq 0.5) \\ 0 & (f_{\boldsymbol{\theta}}(\boldsymbol{x}) < 0.5) \end{cases} \tag{3.5.4}$$

아, 분명히 그래... 의식적으로 생각하면서 분류한 건 아니지만 잘 생각해보니까 내가 그렇게 분류한 것 같네.

이 경곗값인 0.5에 주목해줘. 방금 시그모이드 함수의 모양을 봤을 때도 0.5라는 값이 나왔지?

응. 나왔어. $\boldsymbol{\theta}^{\mathrm{T}}\boldsymbol{x}=0$일 때 $f_\theta(\boldsymbol{x})=0.5$가 됐었지?

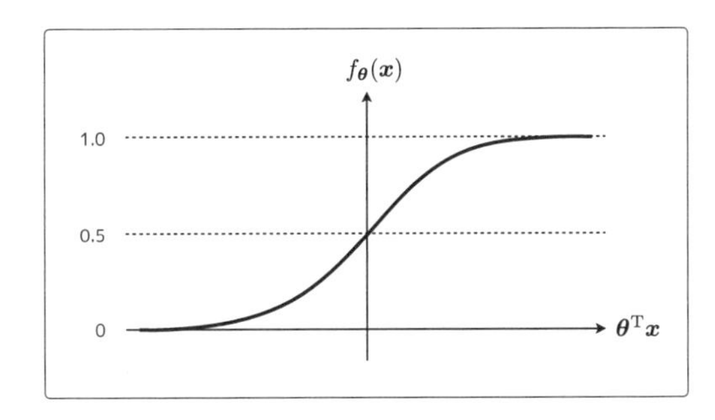

그림 3-20

그래. 그래프를 보면 알겠지만 $f_\theta(\boldsymbol{x})\geq 0.5$라는 것은 다시 말하면 $\boldsymbol{\theta}^{\mathrm{T}}\boldsymbol{x}\geq 0$라는 말이야. 알겠지?

응. 그래프를 보면 분명히 그렇게 돼 있어. 반대로 $f_\theta(\boldsymbol{x})<0.5$라는 것은 $\boldsymbol{\theta}^{\mathrm{T}}\boldsymbol{x}<0$라는 말이네.

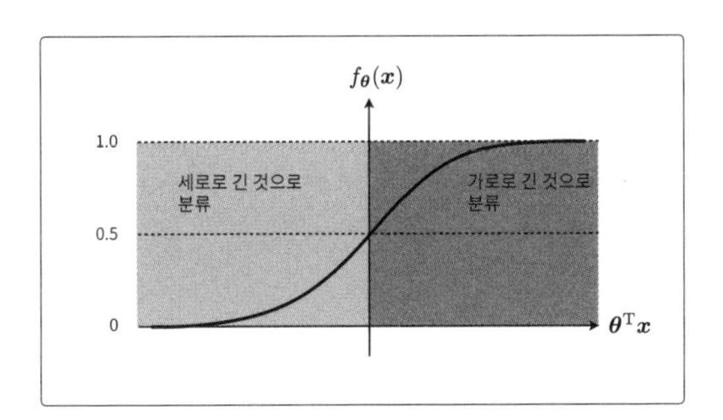

그림 3-21

바로 그거야. 그래서 식 3.5.4는 다음과 같이 바꿔 쓸 수 있어.

$$y = \begin{cases} 1 & (\boldsymbol{\theta}^{\mathrm{T}}\boldsymbol{x} \geq 0) \\ 0 & (\boldsymbol{\theta}^{\mathrm{T}}\boldsymbol{x} < 0) \end{cases} \tag{3.5.5}$$

일단 알 것 같은데 일부러 바꿔 쓸 필요가 있나?

그럼 이번에는 퍼셉트론을 할 때처럼 가로축이 이미지의 폭(x_1)이고 세로축이 이미지의 높이(x_2)인 그래프를 생각해보자.

그림 3-4처럼 학습 데이터를 점 그래프로 나타낸 것 말이지?

그래. 회귀를 설명할 때처럼 $\boldsymbol{\theta}$를 대강 정해서 구체적으로 생각해 보자구. 예를 들면... $\boldsymbol{\theta}$가 다음과 같은 벡터일 때 $\boldsymbol{\theta}^{\mathrm{T}}\boldsymbol{x} \geq 0$을 그래프에 그려보자는 거야.

$$\boldsymbol{\theta} = \begin{bmatrix} \theta_0 \\ \theta_1 \\ \theta_2 \end{bmatrix} = \begin{bmatrix} -100 \\ 2 \\ 1 \end{bmatrix}, \quad \boldsymbol{x} = \begin{bmatrix} 1 \\ x_1 \\ x_2 \end{bmatrix} \tag{3.5.6}$$

알겠어. 음... 그러니까... 일단 대입해서 알아보기 쉬운 형태로 변형하고...

$$\begin{aligned} &\boldsymbol{\theta}^{\mathrm{T}}\boldsymbol{x} = -100 \cdot 1 + 2x_1 + x_2 \geq 0 \\ &x_2 \geq -2x_1 + 100 \end{aligned} \tag{3.5.7}$$

잘했어. 식은 맞아. 이 식에서 부등식으로 나타낸 영역이 가로로 긴 것으로 분류되는 거야.

이 부등식 그래프는... 다음과 같지?

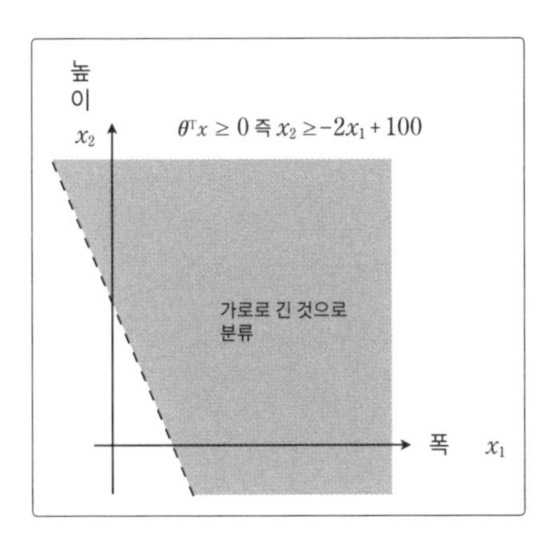

그림 3-22

맞아. 그럼 세로로 긴 것으로 분류되는 영역은?

그 반대쪽이라는 말씀!

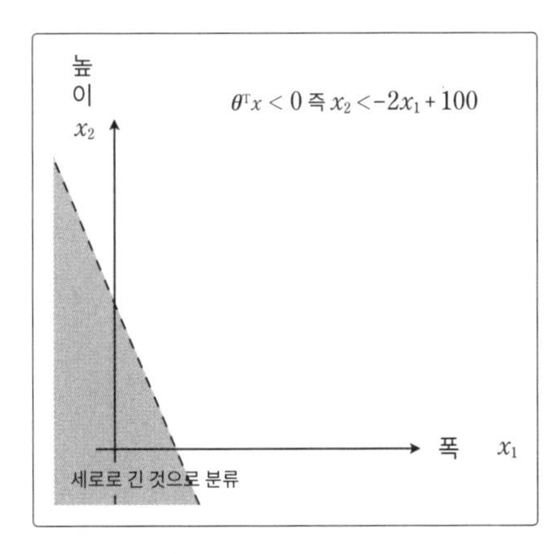

그림 3-23

요컨대 $\boldsymbol{\theta}^T \boldsymbol{x} = 0$이라는 직선을 경계선으로 해서 한쪽이 가로로 긴 것으로 분류되고 다른 한쪽이 세로로 긴 것으로 분류되는 거야.

그렇구나! 이것 참 직관적으로 알기 쉽네.

이렇게 데이터를 분류하기 위한 직선을 **결정경계**라고 말해.

이 결정경계란 거 말야. 실제로는 세로로 긴 것과 가로로 긴 것을 제대로 분류할 수 없을 것 같은데 그건 네가 매개변수를 적당히 정했기 때문이지?

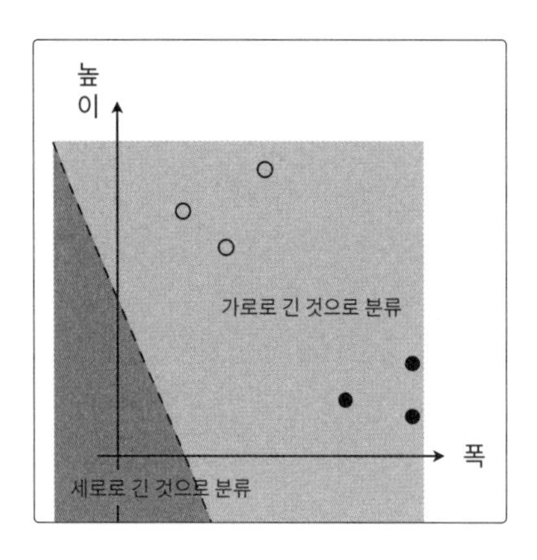

그림 3-24

맞아. 회귀를 설명할 때처럼 말이야. 내가 매개변수를 대강 정했기 때문이야. 그럼 다음은 뭘 해야 하는지 알겠어?

알맞은 매개변수 θ를 구하기 위해 **목적함수**를 정의하고 미분해서 매개변수 갱신식을 구한다?

정답이야! 이 알고리즘은 **로지스틱 회귀**라고 하는 거야.

Section 6 우도함수

그럼 매개변수 갱신식을 함께 구해보자구.

회귀를 배울 때처럼 말이지? 이제 나도 할 수 있어.

미안하지만 로지스틱 회귀는 다른 목적함수를 사용하거든.

아, 그래? 최소제곱법과는 다른 거구나... 그럼 로지스틱 회귀의 목적함수는 어떤 모양인데?

첫 부분에서 $\boldsymbol{x}$가 가로로 길 확률 $P(y=1|\boldsymbol{x})$를 $f_\theta(\boldsymbol{x})$라고 정의했었지? 그걸 토대로 한 번 생각해보자. 학습 데이터의 레이블 y와 $f_\theta(\boldsymbol{x})$는 어떤 관계가 되는 것이 이상적일까?

듣고 보니 회귀를 배울 때도 같은 질문을 했던 것 같은데. 그러니까... $f_\theta(\boldsymbol{x})$는 $\boldsymbol{x}$가 가로로 긴 확률이니까... $y=1$일 때는 $f_\theta(\boldsymbol{x})=1$이고 $y=0$일 때는 $f_\theta(\boldsymbol{x})=0$이 되는 것이 이상적인 것 아닐까?

맞아. 그리고 그것은 다음과 같이 바꿔 말할 수 있어. 알겠지?

- $y=1$일 때는 확률 $P(y=1|\boldsymbol{x})$가 최대가 됐으면 좋겠다.
- $y=0$일 때는 확률 $P(y=0|\boldsymbol{x})$가 최대가 됐으면 좋겠다.

응. 알겠어. $P(y=1|\boldsymbol{x})$가 가로로 길 확률이고 $P(y=0|\boldsymbol{x})$가 세로로 길 확률이잖아.

그래. 이걸 모든 학습 데이터에 적용하는 거야. 처음에 열거한 6개의 학습 데이터 각각에 대해 최대가 됐으면 좋겠다고 생각하는 확률은 다음과 같아.

표 3-5

이미지 크기	모양	y	확률
80×150	세로로 긴	0	$P(y=0\|\boldsymbol{x})$가 최대가 됐으면 좋겠다.
60×110	세로로 긴	0	$P(y=0\|\boldsymbol{x})$가 최대가 됐으면 좋겠다.
35×130	세로로 긴	0	$P(y=0\|\boldsymbol{x})$가 최대가 됐으면 좋겠다.
160×50	가로로 긴	1	$P(y=1\|\boldsymbol{x})$가 최대가 됐으면 좋겠다.
160×20	가로로 긴	1	$P(y=1\|\boldsymbol{x})$가 최대가 됐으면 좋겠다.
125×30	가로로 긴	1	$P(y=1\|\boldsymbol{x})$가 최대가 됐으면 좋겠다.

그리고 모든 학습 데이터는 서로 관계가 없이 독립적으로 발생한다고 생각하면 이 경우의 전체 확률은 다음과 같은 동시확률로 표현할 수 있지.

$$L(\boldsymbol{\theta}) = P(y^{(1)} = 0|\boldsymbol{x}^{(1)})P(y^{(2)} = 0|\boldsymbol{x}^{(2)}) \cdots P(y^{(6)} = 1|\boldsymbol{x}^{(6)}) \tag{3.6.1}$$

모든 확률을 곱하는구나.

주사위를 두 번 던지는 것을 생각해보면 이해할 수 있어. 첫 번째에 1이 나오고 두 번째에 2가 나올 확률을 생각해보자구. 먼저 $\frac{1}{6}$의 확률로 1이 나오고 다음에 $\frac{1}{6}$의 확률로 2가 나온다는 이 두 가지 사건이 연이어 발생할 확률은 두 확률을 곱해서 구하는 거야.

$$\frac{1}{6} \cdot \frac{1}{6} = \frac{1}{36} \tag{3.6.2}$$

아, 그렇구나. 첫 번째가 $P(y^{(1)}=0|\boldsymbol{x}^{(1)})$일 확률이고 두 번째가 $P(y^{(2)}=0|\boldsymbol{x}^{(2)})$일 확률이고... 이런 식으로 6번 연속으로 사건이 발생할 확률을 말하는 것이구나.

맞았어. 그리고 사실은 지금 나온 동시확률식을 다음과 같이 일반화할 수 있어.

$$L(\boldsymbol{\theta}) = \prod_{i=1}^{n} P(y^{(i)} = 1|\boldsymbol{x}^{(i)})^{y^{(i)}} P(y^{(i)} = 0|\boldsymbol{x}^{(i)})^{1-y^{(i)}} \tag{3.6.3}$$

POINT

$\prod$에 관해서는 부록의 1절을 참고하기 바랍니다.

뭐야 이거...!

그런 말 할 줄 알았어... 식이 조금 복잡하지만 이제까지 해왔던 것처럼 하나하나 이해해가면 어렵지 않을 거야.

그렇지. 일단은 마음을 가라앉히고. 그런데 어느 부분부터 봐야 할지...

$y^{(i)}$이 1일 경우와 0일 경우로 나눠서 $P(y^{(i)}=1|\boldsymbol{x}^{(i)})^{y^{(i)}}P(y^{(i)}=0|\boldsymbol{x}^{(i)})^{1-y^{(i)}}$를 각각 생각해보면 돼. P의 오른쪽 위에 붙어 있는 $y^{(i)}$와 $1-y^{(i)}$는 지수를 나타내니까.

각각을 나눠서 생각하는 거구나... 일단 지수부에 있는 $y^{(i)}$에 1을 대입해보겠어.

$$\begin{aligned} & P(y^{(i)} = 1|\boldsymbol{x}^{(i)})^1 P(y^{(i)} = 0|\boldsymbol{x}^{(i)})^{1-1} \\ &= P(y^{(i)} = 1|\boldsymbol{x}^{(i)})^1 P(y^{(i)} = 0|\boldsymbol{x}^{(i)})^0 \\ &= P(y^{(i)} = 1|\boldsymbol{x}^{(i)}) \end{aligned} \tag{3.6.4}$$

$y^{(i)}=1$일 확률만 남았네. 그렇다면 $y^{(i)}=0$일 때도 마찬가지일까...?

$$\begin{aligned} & P(y^{(i)} = 1|\boldsymbol{x}^{(i)})^0 P(y^{(i)} = 0|\boldsymbol{x}^{(i)})^{1-0} \\ &= P(y^{(i)} = 1|\boldsymbol{x}^{(i)})^0 P(y^{(i)} = 0|\boldsymbol{x}^{(i)})^1 \\ &= P(y^{(i)} = 0|\boldsymbol{x}^{(i)}) \end{aligned} \tag{3.6.5}$$

맞았어. 모든 숫자가 0승하면 1이 된다는 사실을 이용한 식이야. 이해할 수 있겠지?

그렇구나. 어떻게 이런 식을 생각해냈을까...

경우를 나누지 않고 하나의 식으로 정리하면 이렇게 간단히 표기할 수 있으니까.

그렇구나. 이렇게 해서 목적함수를 알게 됐군.

그렇지. 이제부터는 이 목적함수를 최대화하는 매개변수 θ에 대해 생각해보자구.

아, 그렇구나. 회귀를 배울 때는 오차였기 때문에 최소화했지만 지금 알아보고 있는 것은 동시 확률이고 이것은 확률이 높아지게 해야 하니까 최대화하는구나. 맞지?

맞았어. 이때 목적함수 $L(\theta)$을 **우도함수**라고 말하는데 함수의 이름에 있는 L은 우도를 영어로 말한 Likelihood라는 단어의 머릿글자를 딴 거야.

우도라...

우도 $L(\theta)$를 가장 크게 하는 매개변수 θ가 학습 데이터를 가장 잘 설명한다고 생각하면 돼.

우웅, 너무 어렵잖아...

우도는 이해하기 어려운 개념이니까 지금은 잘 몰라도 돼. 이름만 알아둬.

그렇구나. 그럼 조금 안심이 되네.

Section 7 대수우도함수

그럼 이제 우도함수를 미분해서 매개변수 $\boldsymbol{\theta}$를 구하면 되지?

그래. 그렇지만 우도함수를 그대로 다루기는 어려우니까 미분하기 전에 조금 변형해보자.

응? 다루기 어렵다는 건 무슨 말이야?

일단 동시확률이라는 점 때문이야. 모든 확률이 1이하의 수가 되니까 동시확률처럼 확률을 모두 곱한 것은 점점 값이 작아져버리거든.

아, 알 것 같아. 너무 작으면 프로그래밍할 때 정확도에 문제가 생기지.

그렇지? 이것이 첫 번째 이유야. 그리고 두 번째 이유가 있어. 곱셈이라는 점이야. 곱셈은 덧셈에 비해 계산하기 힘들잖아.

그래. 덧셈이 더 쉬울 것 같긴 한데... 그런 문제점을 해결할 수 있는 방법이 있다는 거야?

우도함수의 대수를 취하면 돼. 다음과 같이 양변에 log를 붙이는 거야.

$$\log L(\boldsymbol{\theta}) = \log \prod_{i=1}^{n} P(y^{(i)} = 1 | \boldsymbol{x}^{(i)})^{y^{(i)}} P(y^{(i)} = 0 | \boldsymbol{x}^{(i)})^{1-y^{(i)}} \tag{3.7.1}$$

대수에 관해서는 부록의 7절을 참고하기 바랍니다.

언뜻 보기에는 오히려 어려워진 것 같은데... 회귀를 배울 때도 상수를 마음대로 곱했는데 이번에도 이렇게 마음대로 대수를 취해도 괜찮은 거야?

당연히 문제없지. log는 단순 증가 함수니까. log 그래프의 모양은 기억해?

응. 다음과 같은 모양이었지?

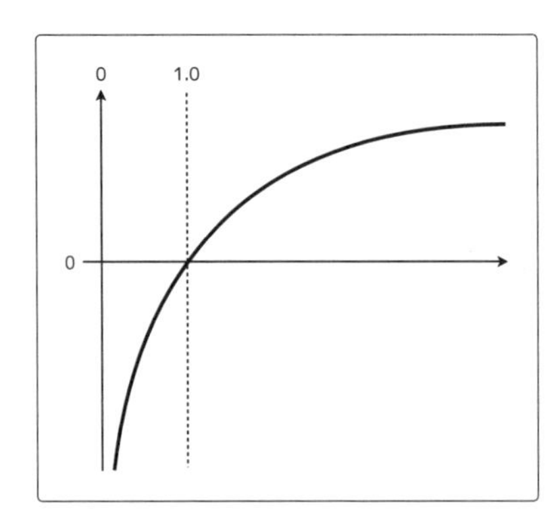

그림 3-25

맞아. 그래프가 계속 오른쪽 위로 가는 형태지? 단조증가함수라는 것은 $x_1 < x_2$이면 $f(x_1) < f(x_1)$가 되는 함수 $f(x)$를 말해.

그렇구나. $\log(x)$그래프가 오른쪽 위로 가고 $x_1 < x_2$이면 $\log(x_1) < \log(x_2)$가 되는구나.

응. 그래서 지금 이야기하고 있는 우도함수도 $L(\theta_1) < L(\theta_2)$이면 $\log L(\theta_1) < \log L(\theta_2)$가 되는 거야. 요컨대 $L(\theta)$를 최대화하는 것과 $\log L(\theta)$를 최대화하는 것은 의미가 같아.

아, 누가 알아냈는지 정말 대단해.

그럼 대수우도함수를 변형해보자.

$$
\begin{aligned}
\log L(\boldsymbol{\theta}) &= \log \prod_{i=1}^{n} P(y^{(i)} = 1|\boldsymbol{x}^{(i)})^{y^{(i)}} P(y^{(i)} = 0|\boldsymbol{x}^{(i)})^{1-y^{(i)}} \\
&= \sum_{i=1}^{n} \left(\log P(y^{(i)} = 1|\boldsymbol{x}^{(i)})^{y^{(i)}} + \log P(y^{(i)} = 0|\boldsymbol{x}^{(i)})^{1-y^{(i)}} \right) \\
&= \sum_{i=1}^{n} \left(y^{(i)} \log P(y^{(i)} = 1|\boldsymbol{x}^{(i)}) + (1 - y^{(i)}) \log P(y^{(i)} = 0|\boldsymbol{x}^{(i)}) \right) \\
&= \sum_{I=1}^{n} \left(y^{(i)} \log P(y^{(i)} = 1|\boldsymbol{x}^{(i)}) + (1 - y^{(i)}) \log(1 - P(y^{(i)} = 1|\boldsymbol{x}^{(i)})) \right) \\
&= \sum_{i=1}^{n} \left(y^{(i)} \log f_{\boldsymbol{\theta}}(\boldsymbol{x}^{(i)}) + (1 - y^{(i)}) \log(1 - f_{\boldsymbol{\theta}}(\boldsymbol{x}^{(i)})) \right)
\end{aligned}
\tag{3.7.2}
$$

식이 변형되는 모습을 따라가기 힘들어...

각각의 식은 다음과 같은 성질을 이용해서 변형한 것이니까 천천히 살펴봐.

- 2행에서는 $\log(ab) = \log a + \log b$
- 3행에서는 $\log a^b = b \log a$
- 4행에서는 $P(y^{(i)} = 0|\boldsymbol{x}^{(i)}) = 1 - P(y^{(i)} = 1|\boldsymbol{x}^{(i)})$
- 5행에서는 식 3.5.3

첫 두 개는 대수함수의 성질이지? 4행째는 왜 그렇게 되는 거지?

지금 생각하고 있는 것은 $y=1$이냐 $y=0$이냐라는 두 개뿐이니까 $P(y^{(i)} = 0|\boldsymbol{x}^{(i)}) + P(y^{(i)} = 1|\boldsymbol{x}^{(i)}) = 1$이 되겠지?

아, 그렇게 되는구나. 확률은 모두 더하면 1이 되니까.

| Section 7 | Step 1 | 우도함수의 미분 |

이제까지 설명한대로 로지스틱 회귀는 이 대수우도함수를 목적함수로 사용하는 거야.

$$\log L(\boldsymbol{\theta}) = \sum_{i=1}^{n} \left(y^{(i)} \log f_{\boldsymbol{\theta}}(\boldsymbol{x}^{(i)}) + (1 - y^{(i)}) \log(1 - f_{\boldsymbol{\theta}}(\boldsymbol{x}^{(i)})) \right) \tag{3.7.3}$$

이걸 각각의 매개변수 θ_j로 미분해가면 되는 거지?

바로 그거야. 다음의 식을 계산해가는 거야.

$$\frac{\partial \log L(\boldsymbol{\theta})}{\partial \theta_j} = \frac{\partial}{\partial \theta_j} \sum_{i=1}^{n} \left(y^{(i)} \log f_{\boldsymbol{\theta}}(\boldsymbol{x}^{(i)}) + (1 - y^{(i)}) \log(1 - f_{\boldsymbol{\theta}}(\boldsymbol{x}^{(i)})) \right) \tag{3.7.4}$$

이 식은 무엇을 의미하는지 잘 모르겠어.

회귀를 설명할 때처럼 우도함수를 다음과 같이 치환해서 합성함수의 미분을 사용해 하나씩 계산해가자구.

$$\begin{aligned} u &= \log L(\boldsymbol{\theta}) \\ v &= f_{\boldsymbol{\theta}}(\boldsymbol{x}) \end{aligned} \tag{3.7.5}$$

다음과 같은 것을 말하는 거지?

$$\frac{\partial u}{\partial \theta_j} = \frac{\partial u}{\partial v} \cdot \frac{\partial v}{\partial \theta_j} \tag{3.7.6}$$

그래 그래. 일단 첫 번째 항목부터 계산해보자.

$$\frac{\partial u}{\partial v} = \frac{\partial}{\partial v} \sum_{i=1}^{n} \left(y^{(i)} \log(v) + (1 - y^{(i)}) \log(1 - v) \right) \tag{3.7.7}$$

u를 v로 미분하는 거구나. $\log(v)$의 미분은 $\frac{1}{v}$이지?

맞았어. 그런데 $\log(1-v)$를 미분할 때는 다음과 같은 과정으로 합성함수를 미분해가야 해. 그러고 나서 앞에 음수 기호가 붙는 것에 주의해.

$$s = 1 - v$$

$$t = \log(s)$$

$$\begin{aligned} \frac{dt}{dv} &= \frac{dt}{ds} \cdot \frac{ds}{dv} \\ &= \frac{1}{s} \cdot -1 \\ &= -\frac{1}{1-v} \end{aligned} \tag{3.7.8}$$

음... 이런 결과가 나오는구나. 그럼 미분한 결과는 다음과 같을까?

$$\frac{\partial u}{\partial v} = \sum_{i=1}^{n} \left(\frac{y^{(i)}}{v} - \frac{1 - y^{(i)}}{1 - v} \right) \tag{3.7.9}$$

맞았어.

그리고 다음은 v를 θ_j로 미분하는 거지? 그런데 이거 어떻게 미분하는 거야?

$$\frac{\partial v}{\partial \theta_j} = \frac{\partial}{\partial \theta_j} \frac{1}{1 + \exp(-\boldsymbol{\theta}^{\mathrm{T}} \boldsymbol{x})} \tag{3.7.10}$$

응. 이건... 조금 복잡하네. 시그모이드 함수는 다음과 같이 미분한다고 알려져 있거든. 이걸 이용하면 미분할 수 있어.

$$\frac{d\sigma(x)}{dx} = \sigma(x)(1 - \sigma(x)) \tag{3.7.11}$$

그렇구나... 지금은 $f_{\theta}(\boldsymbol{x})$ 자체가 시그모이드 함수이니까 알려진 미분법을 그대로 사용할 수 있구나.

그래. $z = \theta^{\mathrm{T}} \boldsymbol{x}$라고 두고 한 단계 더 합성함수의 미분법을 사용하면 돼. 이걸 풀어 봐.

$$\begin{aligned} z &= \boldsymbol{\theta}^{\mathrm{T}} \boldsymbol{x} \\ v &= f_{\boldsymbol{\theta}}(\boldsymbol{x}) = \frac{1}{1 + \exp(-z)} \\ \frac{\partial v}{\partial \theta_j} &= \frac{\partial v}{\partial z} \cdot \frac{\partial z}{\partial \theta_j} \end{aligned} \tag{3.7.12}$$

알았어. 하나씩 해볼게. v를 z로 미분하는 부분은 시그모이드 함수의 미분이지?

$$\frac{\partial v}{\partial z} = v(1 - v) \tag{3.7.13}$$

z를 θ_j로 미분하는 것은 간단하네.

$$\begin{aligned}\frac{\partial z}{\partial \theta_j} &= \frac{\partial}{\partial \theta_j}\boldsymbol{\theta}^{\mathrm{T}}\boldsymbol{x} \\ &= \frac{\partial}{\partial \theta_j}(\theta_0 x_0 + \theta_1 x_1 + \cdots + \theta_n x_n) \\ &= x_j\end{aligned} \tag{3.7.14}$$

그러고 나서 결과를 모두 곱하면 되니까... 다음과 같은 결과가 나왔어.

$$\begin{aligned}\frac{\partial v}{\partial \theta_j} &= \frac{\partial v}{\partial z} \cdot \frac{\partial z}{\partial \theta_j} \\ &= v(1-v) \cdot x_j\end{aligned} \tag{3.7.15}$$

잘 했어. 그럼 각각의 결과를 대입해서 전개하고 약분해서 식을 정리해보자.

알았어.

$$\begin{aligned}\frac{\partial u}{\partial \theta_j} &= \frac{\partial u}{\partial v} \cdot \frac{\partial v}{\partial \theta_j} \\ &= \sum_{i=1}^{n} \left(\frac{y^{(i)}}{v} - \frac{1-y^{(i)}}{1-v} \right) \cdot v(1-v) \cdot x_j^{(i)} \\ &= \sum_{i=1}^{n} \left(y^{(i)}(1-v) - (1-y^{(i)})v \right) x_j^{(i)} \\ &= \sum_{i=1}^{n} \left(y^{(i)} - y^{(i)}v - v + y^{(i)}v \right) x_j^{(i)} \\ &= \sum_{i=1}^{n} \left(y^{(i)} - v \right) x_j^{(i)} \\ &= \sum_{i=1}^{n} \left(y^{(i)} - f_{\boldsymbol{\theta}}(\boldsymbol{x}^{(i)}) \right) x_j^{(i)}\end{aligned} \tag{3.7.16}$$

잘 했어.

우와, 힘들었다... 그렇지만 최종적으로는 꽤 간단한 식이 되는구나.

이제 이 식으로부터 매개변수 갱신식을 도출하기만 하면 돼. 지금은 최대화하는 것이 목적이니까 최소화할 때와는 매개변수를 반대 방향으로 바꿔야 해.

아, 그렇구나... 최소화할 때는 미분한 결과의 부호와는 반대 방향으로 움직였는데 최대화할 때는 미분한 결과의 부호와 동일한 방향으로 움직여야 한다는 말이구나. 다음과 같이 만들면 될까?

$$\theta_j := \theta_j + \eta \sum_{i=1}^{n} \left(y^{(i)} - f_{\boldsymbol{\theta}}(\boldsymbol{x}^{(i)}) \right) x_j^{(i)} \tag{3.7.17}$$

그래. 부호를 회귀를 설명할 때와 같이 맞춰서 다음과 같이 써도 된단다. η의 앞과 시그마 안에 있는 부호가 바뀐 점에 주의해야 해.

$$\theta_j := \theta_j - \eta \sum_{i=1}^{n} \left(f_{\boldsymbol{\theta}}(\boldsymbol{x}^{(i)}) - y^{(i)} \right) x_j^{(i)} \tag{3.7.18}$$

헉헉... 이번에는 계산할 게 많아서 지쳐버렸어.

Section 8

선형분리불가능

자, 마지막 과정이야. 로지스틱 회귀를 선형분리불가능한 문제에 적용해보고 이야기를 끝내자구.

드디어 끝인가.

다음과 같은 것이 선형분리불가능이라는 건 이미 알고 있지?

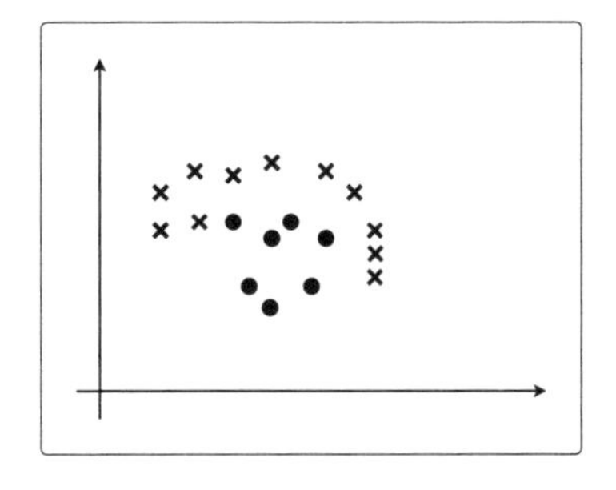

그림 3-26

직선으로는 분류할 수 없는 것이었잖아. 기억하고 있어.

그래. 이 예에서는 직선으로는 분류할 수 없지만 곡선으로는 분류할 수 있겠지?

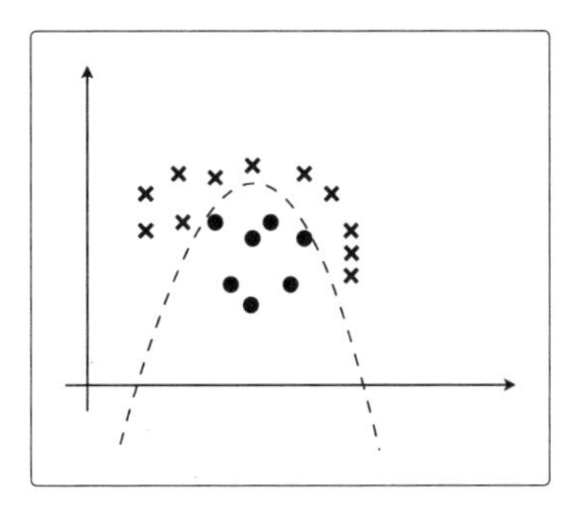

그림 3-27

분류할 수 있을 것 같아. 혹시 다항식 회귀에서 한 것처럼 차수를 늘리면 되는 거야?

오, 센스 좋았어. 그럼 학습 데이터에 x_1^2을 추가한 다음과 같은 데이터를 가지고 생각해볼까?

$$\boldsymbol{\theta} = \begin{bmatrix} \theta_0 \\ \theta_1 \\ \theta_2 \\ \theta_3 \end{bmatrix}, \quad \boldsymbol{x} = \begin{bmatrix} 1 \\ x_1 \\ x_2 \\ x_1^2 \end{bmatrix} \tag{3.8.1}$$

다음과 같은 식 말이지?

$$\boldsymbol{\theta}^{\mathrm{T}}\boldsymbol{x} = \theta_0 + \theta_1 x_1 + \theta_2 x_2 + \theta_3 x_1^2 \tag{3.8.2}$$

그럼 θ가 다음과 같은 벡터라고 하면 $\boldsymbol{\theta}^{\mathrm{T}}\boldsymbol{x} \geq 0$의 그래프의 모양은 어떻게 될까?

$$\boldsymbol{\theta} = \begin{bmatrix} \theta_0 \\ \theta_1 \\ \theta_2 \\ \theta_3 \end{bmatrix} = \begin{bmatrix} 0 \\ 0 \\ 1 \\ -1 \end{bmatrix} \tag{3.8.3}$$

$\boldsymbol{\theta}^{\mathrm{T}}\boldsymbol{x} \geq 0$이니까 일단 대입해보고... 이전에 했듯이 변형해볼게.

$$\begin{aligned} \boldsymbol{\theta}^{\mathrm{T}}\boldsymbol{x} &= \theta_0 + \theta_1 x_1 + \theta_2 x_2 + \theta_3 x_1^2 \\ &= 0 + 0 \cdot x_1 + 1 \cdot x_2 + -1 \cdot x_1^2 \\ &= x_2 - x_1^2 \geq 0 \end{aligned} \tag{3.8.4}$$

이항하면 최종적으로는 $x_2 \geq x_1^2$이 되지? 이것을 그래프로 그려 보면 돼.

그래프로 그리면... 다음과 같겠지?

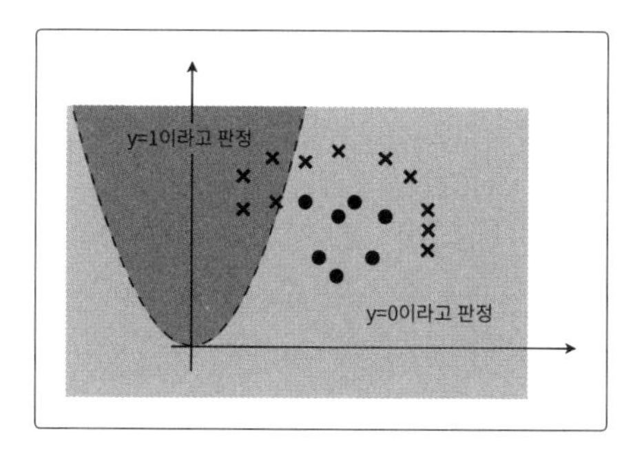

그림 3-28

응. 잘 했어. 이전에는 결정경계가 직선이었지만 지금은 곡선이 됐다는 것을 알 수 있지. 매개변수 θ를 대강 정했기 때문에 데이터를 제대로 분류하지 못했지만 말이야.

그렇지만 선형분리불가능인 문제에 적용하는 법은 알았어. 그다지 어렵지 않구나.

이제 마음대로 차수를 늘리면 결정경계를 복잡한 모양으로 만들 수 있는 거야. 예를 들어 x_1^2뿐만 아니라 x_2^2도 차수를 늘리면 원형의 결정경계가 만들어지지.

로지스틱 회귀에서 매개변수를 갱신하는 것도 확률 경사하강법을 사용할 수 있니?

물론 사용할 수 있지.

로지스틱 회귀는 조금 어려웠지만 어쨌든 매개변수 갱신식까지 구할 수 있게 돼서 다행이야. 아, 힘들었어...

분류 알고리즘은 이 밖에도 유명한 것들이 있는데 SVM(서포트 벡터 머신)이라는 것도 있고 다값 분류라는 방법도 있으니까 공부해보면 재미있을 거야.

알았어. 와! 오늘의 공부가 끝났다! 나중에 또 잘 부탁할게!

Chapter 4

평가해보자

만든 모델을 평가하자

지금까지 소희에게 배운 연아는 이제 머신러닝의 이론에 관해
어느 정도 이해한 것 같습니다.
그러나 실제로 그 이론을 사용하기 전에 아직 알아둬야 할 내용이 있는 것 같습니다.
이번 장에서 연아와 소희는 만들어진 모델을 '평가'하는 방법에 관해 공부할 것입니다.
지금까지 공부했던 것을 복습도 할 겸 긴장을 풀고 읽어 주십시오.

Section 1

모델 평가

이제까지 이론을 어느 정도 배웠는데 잘 이해할 수 있어서 재미있는 것 같아.

뭐든지 마찬가지지만 알게 되는 것은 즐거운 것이지.

뭔가 실제적인 문제에 적용해보고 싶어졌어.

응. 지금까지 이론을 설명했으니까 역시 실제로 구현해보는 것이 재미있겠지만 그 전에 머신러닝을 실제로 적용할 때 경험하게 되는 문제와 그에 대한 대응 방법에 대해 이야기해야 할 것 같아.

그래? 빨리 구현하고 싶지만 문제점을 아는 것도 중요한가 보네.

그래. 이제까지와는 내용이 조금 달라. 모델을 평가하는 것에 관해 이야기해보자.

모델을 평가한다구? 무슨 얘기야?

회귀나 분류에서는 예측하기 위해 함수 $f_\theta(x)$를 정의하고 그 함수의 매개변수인 θ를 학습 데이터를 가지고 구했잖아.

목적함수를 미분해서 매개변수 갱신식을 구한 것 말이지? 기억하고 있어.

그때는 매개변수 갱신식을 구한 것에서 끝났지만 우리가 정말로 구하고 싶어하는 것은 예측함수를 통해 나오는 예측값이잖아. 예를 들어 회귀를 설명할 때 했던 예 중에서 광고비를 얼마나 쓰면 어느 정도의 클릭 수를 얻을 수 있는지와 같은 예측값을 말하는 거야.

그건 그래.

미지의 데이터 x에 대해 $f_\theta(x)$가 출력하는 예측값은 최대한 정확해야 하거든.

당연한 이야기지.

그럼 예측함수 $f_\theta(x)$의 정확도는 어떻게 알 수 있을까?

점으로 나타낸 그래프를 보고 그 점들이 학습 데이터에 맞춰져 있는지를 보면 되잖아.

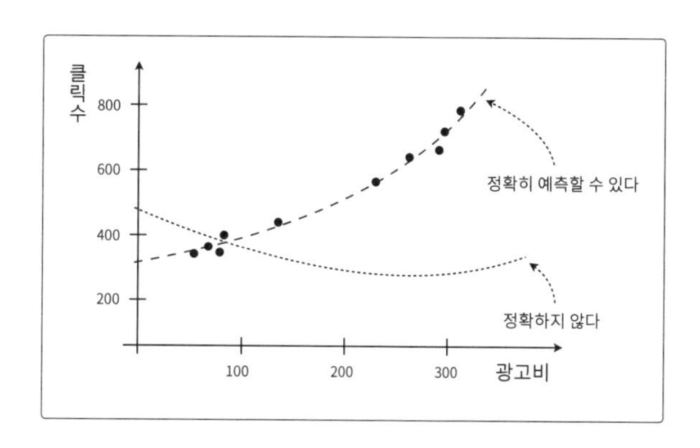

그림 4-1

이전에도 이야기했지만 그건 변수가 하나뿐인 단순한 문제이기 때문에 점 그래프로 나타낼 수 있기 때문에 가능한 이야기야.

아, 그렇지. 중회귀를 배울 때처럼 변수의 개수가 늘면 그림으로 나타낼 수 없었지. 점을 하나 하나 그린다는 것도 참 힘든 일이고.

그렇지. 그래서 머신러닝 모델의 정확도를 정량적으로 나타낼 필요가 생긴 거야.

그렇구나. 그것이 바로 모델 평가라는 것이구나.

바로 그거야. 이제부터 모델을 평가하는 방법에 관해 생각해 보자구.

그렇지만 잘 생각해 보면 말야, 학습 데이터를 가지고 학습하는 거니까 학습이 끝나면 정확한 매개변수가 돼 있는 것 아니니?

그렇게 생각할 수도 있지만 그것은 학습 데이터에 관해서만 정확하다는 것이잖아.

우웅, 무슨 말인지...?

자, 그것을 이해하기 위해서라도 모델이 정말로 정확한지 평가하는 방법을 함께 알아보자는 거야.

Section 2 교차 검증

Section 2 Step 1 최급하강법

모델 평가는 어떻게 하는 거야?

학습 데이터를 **테스트용**과 **학습용**으로 나눠서 테스트용 데이터로 모델을 평가하는 거야.

학습 데이터가 10개 있으면 테스트용 5개와 학습용 5개로 나눈다는 말이지?

그래. 비율은 일반적으로 반반이 아닌 3:7이나 2:8과 같이 학습용에 더 많이 할애하지만 말이야. 그러나 비율이 특별히 정해진 건 아니야.

그럼 테스트용으로 3개, 학습용으로 7개라는 식으로?

응, 그렇게 하는 거야. 학습 데이터가 10개인 클릭 수 예측 회귀 문제에서 테스트용과 학습용이 각각 이렇게 나눠진 경우를 생각해봐.

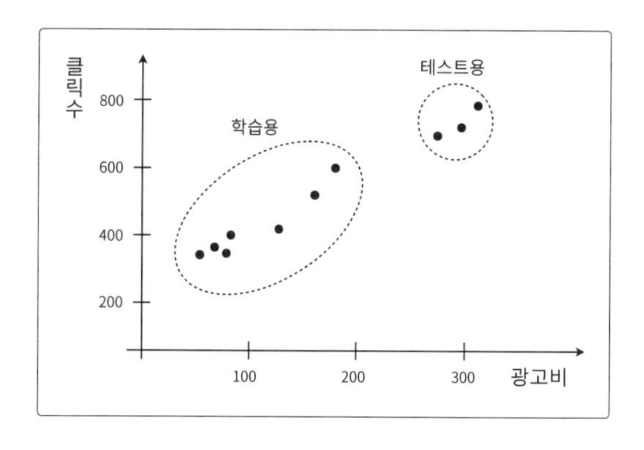

그림 4-2

오른쪽에 있는 3개가 테스트용이고 왼쪽에 있는 7개가 학습용이지?

사실은 이렇게 극단적으로 나누는 것은 좋지 않지만 일단 이 7개의 학습용 데이터를 사용해 매개변수를 학습하는 것을 생각해 봐.

식 2.3.1에 나온 $f_\theta(x) = \theta_0 + \theta_1 x$라는 1차 함수를 생각하면 되는 거지?

그래. 일단은 1차 함수부터 해보는 게 좋겠지. 테스트용 데이터는 무시하고 학습 데이터 7개에만 주목해 보면 가장 알맞은 1차 함수는 어떤 모양일 거라고 생각해?

음... 다음과 같은 모양일까?

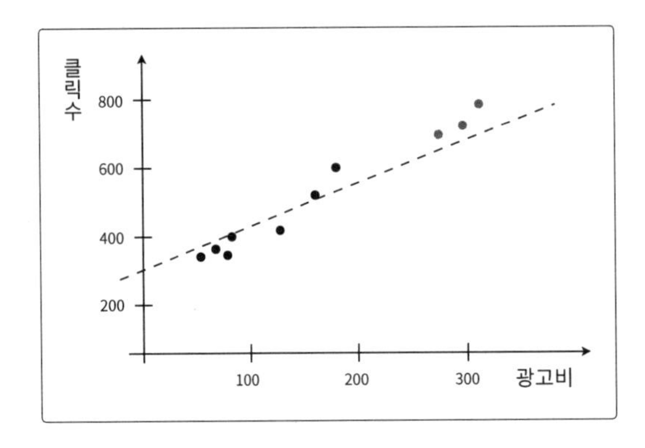

그림 4-3

응. 잘 했어. 7개의 학습용 데이터를 가지고 매개변수를 학습하면 아마도 그림 4-3과 같은 1차 함수가 되겠지.

테스트용 데이터는 이제 어떻게 해?

그것은 나중에 알아보자구. 그리고 다음 과정은 테스트 데이터를 무시하고 2차 함수를 생각해 보자. 이번에는 어떤 그래프가 될까?

이번에는 다음 그림과 같은 2차 함수가 될 거야.

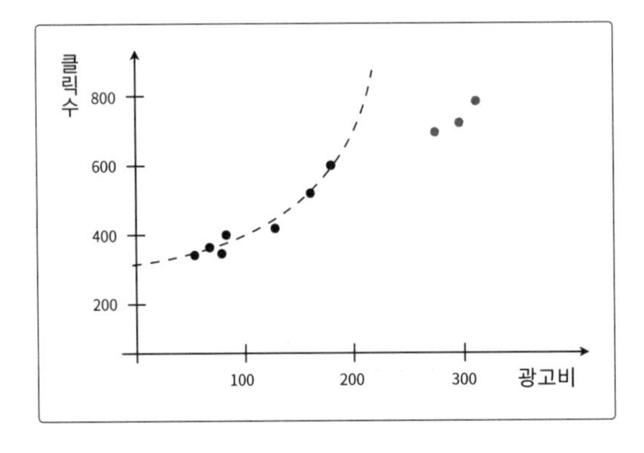

그림 4-4

좋았어. $f_\theta(x)$가 2차 함수이면 아마도 이 그림과 같은 그래프로 나타낼 수 있겠지. 이제 **'학습 데이터에 대해서만 정확하게 맞는다'**라는 의미가 슬슬 알 것 같지 않니?

그렇구나! 학습용 데이터만 보면 1차 함수보다 2차 함수가 더 잘 맞는 것처럼 보이지만 테스트용 데이터까지 포함해서 생각해 보면 2차 함수는 전혀 맞지 않아.

그렇지? 이렇게 학습을 끝낸 모델이 테스트용 데이터에도 얼마나 잘 맞는지 확인하고 평가해야 하는 거야.

그런 뜻이 있었군. 요컨대 테스트용 데이터를 미지의 데이터라고 간주하는 것이구나.

그래. 지금은 1차 함수와 2차 함수 모델의 차이를 가지고 설명했지만 같은 모델이라도 학습용 데이터 수가 너무 적다면 그럴 때도 이런 현상이 발생하거든.

그럼 학습이 끝난 후에 이렇게 테스트용 데이터에도 잘 맞는지를 확인하지 않으면 안 되겠네.

그렇지. 하지만 현실적인 문제에 적용하려고 하면 이렇게 그림으로 나타낼 수 없는 경우가 대부분이라서 정량적으로 정확도를 계산할 필요성이 생기는 거야.

아, 그렇구나... 변수의 개수가 늘어나면 그림으로 나타낼 수 없겠지. 게다가 그림으로 표현한다는 것 자체가 역시 귀찮은 일이고.

회귀에서는 학습이 끝난 모델에 대해 테스트용 데이터로 오차의 제곱을 계산하고 이렇게 계산한 값의 평균을 구하면 돼. 테스트용 데이터가 n개 있다고 가정하면 다음과 같은 식으로 계산할 수 있어.

$$\frac{1}{n}\sum_{i=1}^{n}\left(y^{(i)} - f_{\boldsymbol{\theta}}(\boldsymbol{x}^{(i)})\right)^2 \tag{4.2.1}$$

클릭 수를 예측하는 회귀 문제의 경우를 얘기하자면 $y^{(i)}$가 클릭 수이고 $\boldsymbol{x}^{(i)}$가 광고비와 광고 크기가 되는 것이구나.

그래. 이것은 **평균제곱오차** 또는 MSE(Mean Square Error)라고 하는 값인데 이 오차가 작으면 작을수록 정확도가 높은 모델이라는 것을 말해줘.

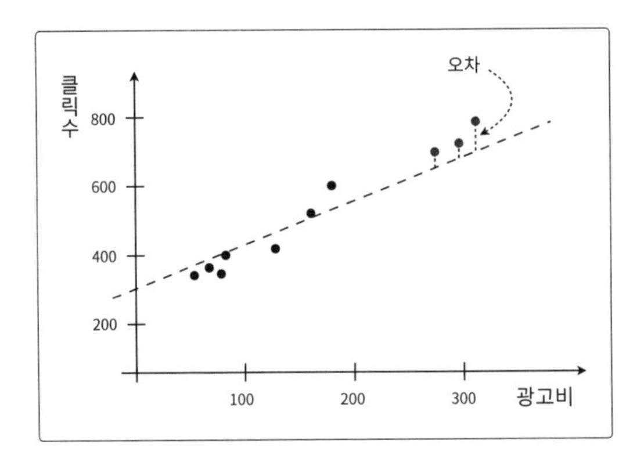

그림 4-5

그러고 보니 회귀에서 사용하는 목적함수도 오차 함수였지? 그 목적함수를 작게 만들도록 매개변수를 갱신했던 것과 같은 것이구나.

그래. 그리고 모델이 학습 데이터에만 잘 맞는다는 문제가 분류에서도 발생하거든.

아, 그렇구나. 분류에서도 나오는구나.

Section 2 | Step 2 | 분류 문제를 검증한다

회귀를 설명할 때처럼 테스트용과 학습용 데이터가 각각 다음 그림과 같이 나눠져 있을 경우를 생각해볼 거야.

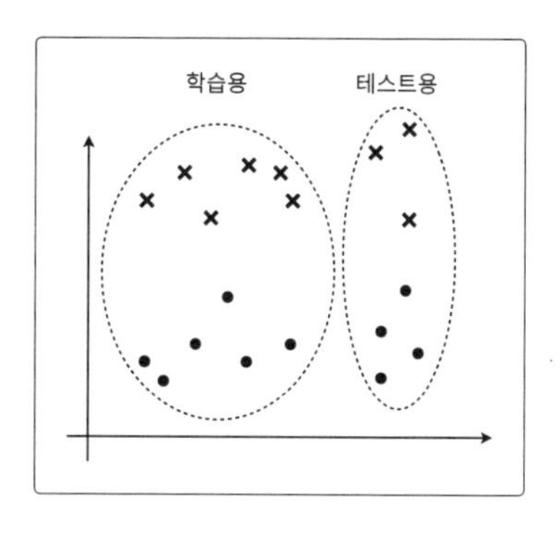

그림 4-6

이번에도 테스트 데이터를 무시하고 생각하는 거니?

응. 이렇게 극단적인 방법으로 나누는 것이 좋지 않다는 사실은 회귀를 할 때와 같아. 그렇지만 로지스틱 회귀에서 $\theta^{\mathrm{T}}\boldsymbol{x}$가 단순한 1차식이라고 가정하면 학습용 데이터만으로 학습했을 때 결과로 나오는 결정경계는 다음 그림과 같아.

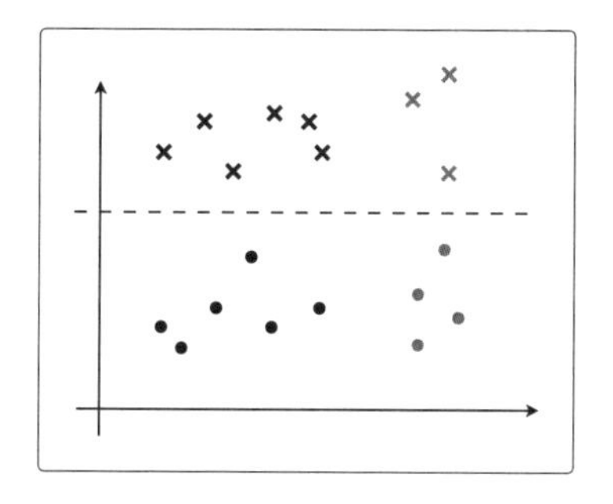

그림 4-7

제대로 분류됐어.

하지만 예를 들어 $\theta^{\mathrm{T}}\boldsymbol{x}$를 더 복잡하게 설정하면 이렇게 정확히 분류해버리거든.

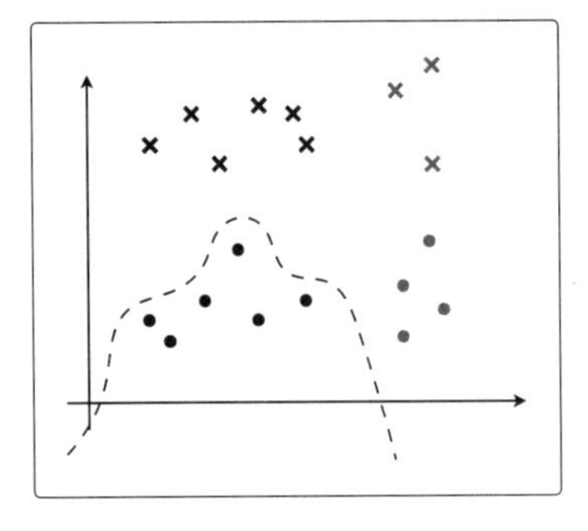

그림 4-8

학습용 데이터는 완벽하게 분류했지만 테스트용 데이터는 완전히 무시해버리는군...

그렇지? 그래서 분류 문제에서도 모델이 정확한지 확인해야 하는 거야.

그렇다면 여기서도 MSE를 사용해서 오차를 계산하면 되는 걸까?

분류 문제에서는 별도의 다른 지표가 있거든. 회귀는 연속값이니까 오차를 생각할 수 있었지만 분류에서는 분류된 영역이 정확한지 틀렸는지를 생각해야 하거든.

맞다. 그렇구나. 회귀는 답이 완전히 일치하지 않기 때문에 오차를 생각하는 것이고 분류는 정답이 있으니까 정답인지 아닌지를 생각하는 것이구나.

맞아. 로지스틱 회귀를 설명했을 때를 떠올려 봐. 그때는 이미지가 세로로 긴지 가로로 긴지를 기준으로 분류했었지?

응. 그랬어. 가로로 길 확률을 정의해서 분류했잖아.

그렇게 해서 성공적으로 분류됐는지 아닌지에 대해서는 다음의 네 종류의 상태를 가지고 판단할 수 있어. 알 것 같니?

- 가로로 긴 것이 제대로 분류됐다.
- 가로로 긴 것으로 분류됐지만 실제로는 가로로 긴 것이 아니었다.
- 가로로 길지 않은 것이 제대로 분류됐다.
- 가로로 길지 않은 것으로 분류됐지만 실제로는 가로로 긴 것이었다.

알 것 같기도 하고 모를 것 같기도 하고... 일단 다음과 같은 표로 정리할 수는 있을 것 같아.

표 4-1

정답 레이블 / 분류 결과	가로로 길다	가로로 길지 않다
가로로 길다	제대로 분류됐다	잘못 분류됐다
가로로 길지 않다	잘못 분류됐다	제대로 분류됐다

오, 센스 좋은데! 가로로 긴 것을 '참'이라고 하고 가로로 길지 않은 것을 '거짓'이라고 하면 일반적으로 2값 분류의 결과는 다음과 같은 표로 나타낼 수 있어.

표 4-2

정답 레이블 / 분류 결과	참	거짓
참	True Positive(TP)	False Positive(FP)
거짓	False Negative(FN)	True Negative(TN)

분류 결과가 참이면 Positive이고 거짓이면 Negative라고 썼구나. 제대로 분류됐으면 True이고 잘못 분류됐으면 False라고 썼고...

그래 그리고 분류의 정확도는 위의 표에 나온 네 개의 기호를 사용해서 계산할 수 있어. 정확도는 영어로 'Accuracy'니까 식으로 나타낸 것은 다음과 같아.

$$Accuracy = \frac{\mathrm{TP} + \mathrm{TN}}{\mathrm{TP} + \mathrm{FP} + \mathrm{FN} + \mathrm{TN}} \tag{4.2.2}$$

요약하자면 전체 데이터 중에서 제대로 분류된 데이터인 TP와 TN이 얼마나 있는지 그 비율을 알아보는 거야.

데이터가 모두 100개 있고 그중에서 80개가 제대로 분류됐다면 정확도는 다음과 같다는 거지?

$$Accuracy = \frac{80}{100} = 0.8 \tag{4.2.3}$$

맞았어. 이 값을 테스트용 데이터를 가지고 계산해봐서 결과가 높으면 높을수록 정확도가 좋은 모델이라고 말할 수 있어.

그렇구나. 의외로 단순하고 알기 쉬운 방법이라서 다행이야.

Section 2 | Step 3 | 최급하강법

일반적으로는 이 Accuracy 값을 계산하면 분류 결과 전체의 정확도를 알 수 있지만 이 값만 가지고는 문제가 생길 수도 있으니까 또 다른 지표도 마련돼 있어.

응? 그래? 정확도를 생각한다면 이 계산법만으로도 충분할 것 같은데.

예를 들어 동그라미표를 Positive인 데이터라고 하고 가위표를 Negative인 데이터라고 하고 다음과 같이 데이터량이 한쪽으로 치우쳐진 경우를 생각해 보자구.

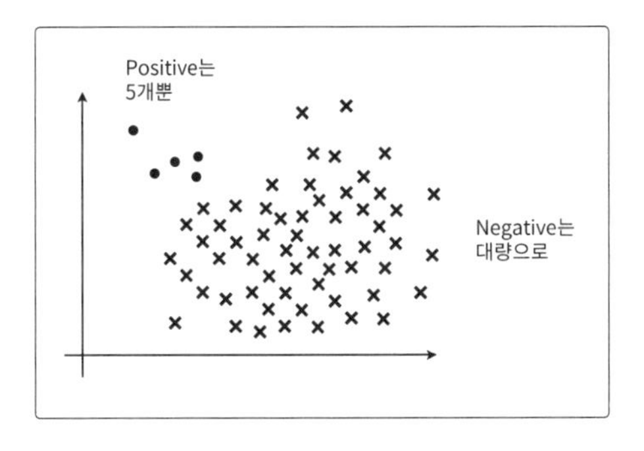

그림 4-9

Negative만 엄청나게 많네. 그림을 보면 자연스럽게 결정경계가 보이는구나.

예를 들어 데이터가 100개 있고 그 중 95개가 Negative라고 했을 때 극단적으로 이야기하면 전체를 Negative라고 분류하는 모델이라고 해도 Accuracy 값은 0.95, 즉 95%라는 정확도가 나오겠지?

응. 그렇게 될 것 같아. 상대적으로 Positive의 수가 적기 때문에 대강 전체를 Negative로 분류해도 높은 정확도가 나올 것 같아.

하지만 아무리 정확도가 높다고 해도 전체를 Negative로 분류하는 모델이라는 것이 좋은 모델이라고는 할 수 없잖아?

그래... 전체의 정확도를 보기만 하는 것이 아니니까 알 수 없을 것 같아.

맞아. 그래서 다른 지표를 도입하는 거야. 다음 그림에 나온 것은 조금 복잡한 지표이긴 한데 구체적인 개념은 알기 쉬울 것 같으니까 이 예를 가지고 설명해볼게.

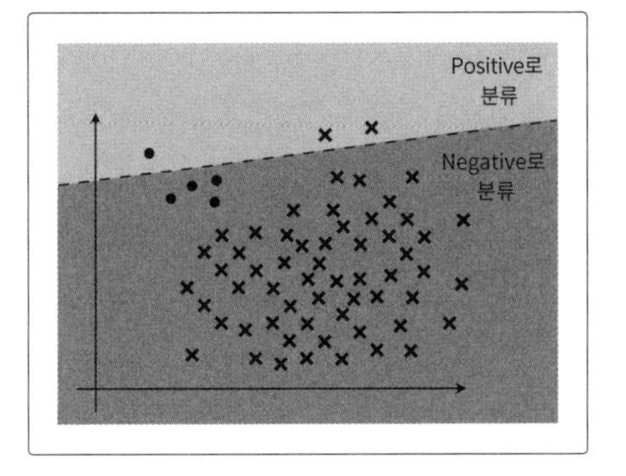

그림 4-10

표 4-3

항목	개수
Positive 데이터	5개
Negative 데이터	95개
True Positive	1개
False Positive	2개
False Negative	4개
True Negative	93개
Accuracy	94%

Positive가 제대로 분류되지 않은 것 같아.

그렇지? 일단 첫 번째 지표는 다음과 같아. 이건 **적합률**이라는 것이야. 영어로 'Precision'이라고 부르기도 해.

$$Precision = \frac{\mathrm{TP}}{\mathrm{TP} + \mathrm{FP}} \tag{4.2.4}$$

우웅, 뭐지 이건? 무슨 의미야?

TP와 FP에만 주목하는 거야. 이 식은 Positive라고 분류된 데이터 중에서 실제로 Positive였던 데이터 개수의 비율이라는 의미야.

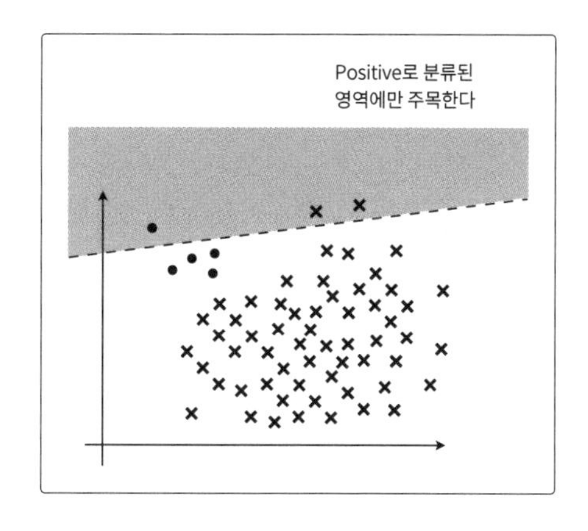

그림 4-11

실제로 대입해서 계산해볼까?

$$Precision = \frac{1}{1+2} = \frac{1}{3} = 0.333\cdots \tag{4.2.5}$$

이 값이 높을수록 잘못 분류된 것의 개수가 적다는 것을 나타내. 지금 우리가 하고 있는 예에서는 Positive로 분류된 데이터가 3개 있는데 실제로는 그중 하나만 정답이지? 그래서 적합률을 계산해보면 낮은 값이 나오는 거야.

그렇구나. 0.333이란 숫자는 분명히 낮아.

그리고 또 하나는 다음과 같아. 이건 **재현률**이라는 거야. 영어로 'Recall'이라고 부르기도 해.

$$Recall = \frac{\mathrm{TP}}{\mathrm{TP} + \mathrm{FN}} \tag{4.2.6}$$

분모에 있는 FN 부분만 적합률과 다르네.

이번에는 TP와 FN에만 주목한 거야. 이 식은 Positive 데이터 중에서 실제로 Positive라고 분류된 데이터의 개수를 나타내.

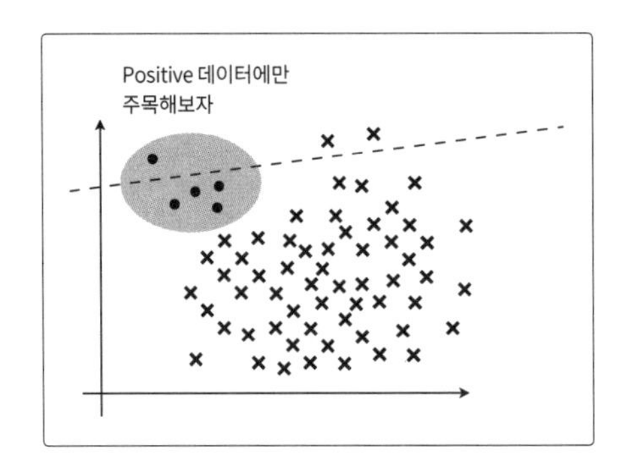

그림 4-12

이것도 계산해봐야지.

$$Recall = \frac{1}{1+4} = \frac{1}{5} = 0.2 \tag{4.2.7}$$

이 값이 높을수록 누락없이 제대로 분류됐다는 것을 의미해. 이 예에서는 Positive 데이터가 모두 5개 있는데 실제로는 그중 한 개만 Positive로 분류됐지. 그래서 재현률로 계산해보면 낮은 값이 나오는 거야.

그렇구나. 낮은 값이 나왔어.

이 두 가지 지표를 통해서 정확도를 생각해보면 돼.

적합률도 재현률도 모두 높은 값이 나오면 좋은 모델이라고 판단할 수 있는 거지?

맞아. 하지만 적합률과 재현률은 일반적으로는 한쪽이 높아지면 다른 한쪽이 낮아지는 관계에 있기 때문에 판단하기가 조금 까다롭지만 말이야.

Section 2 Step 4 F값

그럼 두 가지 식을 계산해서 평균을 내볼까?

단순한 평균은 그다지 좋지 않아. 예를 들어 두 개의 모델이 있고 각각의 적합률과 재현률이 다음 표와 같은 값일 경우를 생각해보자.

표 4-4

모델	적합률	재현률	평균
모델A	0.6	0.39	0.495
모델B	0.02	1.0	0.51

모델B의 값은 극단적이네.. 재현률은 1.0이니까 모든 Positive는 Positive로 분류되지만 적합률이 너무 낮아.

예를 들어 모든 데이터가 Positive로 분류되면 재현률은 1.0이 되겠지. 그러면 Negative도 Positive로 분류돼버리니까 적합률은 매우 낮은 거야.

아, 생각해보니 그렇군.

두 개의 모델의 평균을 보면 알겠지만 모델B 쪽이 평균이 높지? 그렇지만 모두 Positive로 분류하는 모델에서 적합률이 0.02처럼 낮다면 좋은 모델이라고 말할 수 없어.

그건 그래... 단순한 평균을 계산하는 것만으로는 모델이 좋은지 나쁜지 알 수 없구나.

그래서 종합적인 성능을 측정하는 것으로 **F값**이라는 지표가 있는 거야. 다음 식 4.2.8에 나온 Fmeasure가 F값을 의미하는데 Precision은 방금 나온 적합률이고 Recall은 재현률이야.

$$Fmeasure = \frac{2}{\frac{1}{Precision} + \frac{1}{Recall}} \quad (4.2.8)$$

뭐야? 이 식... 분모에 또 분수가 있잖아.

적합률 또는 재현률 중에 어느 쪽이 낮으면 그 값에 이끌려 F값도 낮아지게 돼 있는 거야. 방금 봤던 두 가지 모델의 F값을 계산해보면 알 거야.

표 4-5

모델	적합률	재현률	평균	F값
모델A	0.6	0.39	0.495	0.472···
모델B	0.02	1.0	0.51	0.039···

진짜네. 단순한 평균과는 달리 모델A 쪽의 F값이 높아졌어.

그만큼 적합률과 재현률의 균형이 맞았다는 뜻이야. F값은 처음에 나온 식을 변형해서 다음과 같이 쓸 때도 많은데 둘 다 같은 것이야.

$$Fmeasure = \frac{2 \cdot Precision \cdot Recall}{Precision + Recall} \quad (4.2.9)$$

이 식이 더 알아보기 쉬운 것 같아.

F값을 F1값이라고 말할 때도 있으니까 주의해.

둘 다 같은 의미라고 했지?

같은 의미를 가질 때도 있지만 그렇지 않을 때도 있어. F1값과는 달리 가중치를 가진 F값이라는 지표도 있으니까.

$$WeightedFmeasure = \frac{(1+\beta)^2 \cdot Precision \cdot Recall}{\beta^2 \cdot Precision + Recall} \quad (4.2.10)$$

또 잘 모르는 식이 나왔네... β가 웨이트를 나타내는 거야?

그래. F값은 본래 가중치를 가진 F값이고 그 웨이트를 1로 설정한 것이 방금 나온 F1값이 된다고 생각하면 돼.

가중치를 가진 F값이 더 일반화된 것이라는 말이지?

수학으로는 F1값이 적합률과 재현률의 **조화평균**이라는 값이 되거든. 조화평균에 관해서는 그다지 자세히 이해하지 않아도 괜찮아.

이제까지 TP를 주로 해서 적합률과 재현률을 생각했는데 TN을 주로 해도 같은 개념일까?

TN을 주로 해서 보면 적합률과 재현률은 다음과 같아.

$$Precision = \frac{\mathrm{TN}}{\mathrm{TN}+\mathrm{FN}}$$

$$Recall = \frac{\mathrm{TN}}{\mathrm{TN}+\mathrm{FP}} \quad (4.2.11)$$

어느 쪽을 계산해도 마찬가지니?

데이터가 치우쳐져 있을 때는 개수가 적은 쪽을 사용하면 좋아. 처음에 나온 예에서는 Positive가 극단적으로 적었기 때문에 Positive 쪽을 주로 해서 계산했지만 반대로 Negative가 적다면 Negative 쪽을 주로 해서 계산하는 거야.

그렇구나. 개수가 적은 쪽을 주로 해서...

회귀도 분류도 모두 이렇게 모델을 평가하는 거야.

모델을 평가하는 작업이 중요하다는 것을 이제 알았어.

학습 데이터를 테스트용과 학습용으로 분할하는 기법을 **교차검증** 또는 크로스 밸리데이션이라고 부르고 이것들은 매우 중요한 기법이니까 잊으면 안돼.

응. 알았어. 이번 이야기에서는 복잡한 수식도 나오지 않아서 별로 어렵지 않았어.

교차검증 중에서도 특히 **K분할교차검증**이라는 기법이 유명하니까 기억해두면 좋아.

- 학습 데이터를 K개로 분할한다
- K-1개를 학습용 데이터로 정하고 남은 1개를 테스트용 데이터로 사용한다
- 학습용 데이터와 테스트용 데이터를 바꿔가면서 교차검증을 K번 반복한다
- 마지막으로 K개의 정확도의 평균을 계산해서 그것을 최종적인 정확도로 간주한다

예를 들어 4분할 교차검증이라면 정확도를 다음과 같이 측정하지.

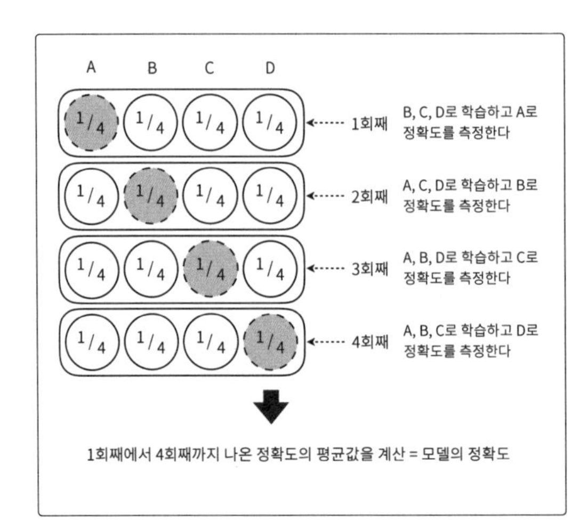

그림 4-13

이거 말야, 학습 데이터의 개수가 많아지면 굉장히 많은 횟수로 학습해야 해서 시간이 많이 걸릴 것 같은데.

맞아. 그래서 K를 아무렇게나 늘리면 시간이 걸리니까 적절한 K를 정해야 해.

Section 3 정칙화

Section 3 Step 1 과잉적합

이제까지 이야기한 것처럼 학습 데이터에만 잘 맞는 상태를 **과잉적합(Overfitting)**이라고 말해.

그러고 보니 회귀를 배울 때 $f_\theta(x)$의 차수를 너무 많이 늘리면 과잉적합이 된다고 말했었지? 그런 의미가 있었구나.

잘 기억하고 있구나. 과잉적합은 회귀에서뿐만 아니라 분류에서도 발생하는 일이니까 항상 주의해야 해.

애시당초 과잉적합되지 않게 할 수는 없는 거야?

과잉적합에 관해서는 몇 가지 대처법이 있어.

- 학습 데이터의 개수를 늘린다
- 모델을 간단한 것으로 수정한다
- 정칙화

일단 중요한 점은 학습 데이터의 개수를 늘리는 일이야. 앞서 이야기했지만 머신러닝은 데이터를 가지고 학습하는 것이니까 데이터가 가장 중요해. 그러고 나서 모델을 더욱 간단히 만들면 과잉적합을 방지할 수 있어.

| Section 3 | Step 2 |

정칙화하는 방법

정칙화라는 것은 처음 들어보는데. 정칙화가 뭐니?

회귀를 설명할 때 나왔던 목적함수는 기억하고 있어?

식 2.3.2에 나온 것 말이지? 다음과 같은 식?

$$E(\boldsymbol{\theta}) = \frac{1}{2}\sum_{i=1}^{n}\left(y^{(i)} - f_{\boldsymbol{\theta}}(\boldsymbol{x}^{(i)})\right)^2 \tag{4.3.1}$$

응. 그거 맞아. 그 목적함수에 다음과 같은 정칙화 항이라는 것을 추가하는 거야.

$$R(\boldsymbol{\theta}) = \frac{\lambda}{2}\sum_{j=1}^{m}\theta_j^2 \tag{4.3.2}$$

다음과 같이 하면 돼?

$$\begin{aligned} E(\boldsymbol{\theta}) &= \frac{1}{2}\sum_{i=1}^{n}\left(y^{(i)} - f_{\boldsymbol{\theta}}(\boldsymbol{x}^{(i)})\right)^2 + R(\boldsymbol{\theta}) \\ &= \frac{1}{2}\sum_{i=1}^{n}\left(y^{(i)} - f_{\boldsymbol{\theta}}(\boldsymbol{x}^{(i)})\right)^2 + \frac{\lambda}{2}\sum_{j=1}^{m}\theta_j^2 \end{aligned} \tag{4.3.3}$$

잘했어. 지금 만든 새로운 목적함수를 최소화해가는 거야. 이것이 정칙화라고 불리는 기법이야.

단순한 것이었네. m은 매개변수의 개수야?

맞아. 그러나 일반적으로 θ_0에 대해서는 정칙화를 적용하지 않아. 그래서 식을 잘 보면 $j=1$부터 시작한다는 것을 알 수 있어.

정말 그렇네. 그렇다면 예를 들어 예측함수가 $f_\theta(\boldsymbol{x})=\theta_0+\theta_1 x+\theta_2 x^2$라는 모양이면 $m=2$가 되어 정칙화 대상이 되는 매개변수는 θ_1과 θ_2가 되는 거니?

맞았어. θ_0처럼 매개변수만 있는 항은 **바이어스**라고 해서 일반적으로 정칙화하지 않아.

λ는 뭐야?

λ(람다)는 정칙화 항의 영향을 정하는 양의 상수야. 이걸 어떤 값으로 설정할지는 자신이 정해야 해.

아... 이렇게 하면 과잉적합을 피할 수 있는 거구나. 아직 뭐가 뭔지 잘 모르겠지만 말이야.

Section 3 | Step 3 | 정칙화의 효과

식을 쳐다보기만 해봤자 잘 알 수 없을 거야. 그림을 그리면서 알아보자구.

목적함수의 그래프를 그리는 거야?

응. 일단 목적함수를 다음과 같이 두 부분으로 나누자.

$$C(\boldsymbol{\theta}) = \frac{1}{2} \sum_{i=1}^{n} \left(y^{(i)} - f_{\boldsymbol{\theta}}(\boldsymbol{x}^{(i)}) \right)^2$$

$$R(\boldsymbol{\theta}) = \frac{\lambda}{2} \sum_{j=1}^{m} \theta_j^2 \tag{4.3.4}$$

$C(\boldsymbol{\theta})$가 본래의 목적함수의 항이고 $R(\boldsymbol{\theta})$이 정칙화 항이구나.

이 $C(\boldsymbol{\theta})$와 $R(\boldsymbol{\theta})$를 더한 것이 새로운 목적함수가 되는 것이니까 실제로 이 두 개의 함수를 그래프에 그려서 더해보자는 거야. 하지만 매개변수의 개수가 많으면 그래프에 나타낼 수 없으니까 지금은 θ_1에만 주목해서 생각할 것이고 이해를 돕기 위해 일단은 λ를 제외하고 생각해 보자구.

알았어. 그럼 일단 $C(\boldsymbol{\theta})$의 그래프를 그려볼까? ... 응? 그런데 애당초 $C(\boldsymbol{\theta})$라는 것은 어떤 모양이지?

정확한 모양은 신경 쓰지 않아도 돼. 회귀를 설명할 때 이 목적함수는 아래로 볼록한 모양이라고 이야기했던 것 기억나니? 그러니까 예를 들면 다음과 같은 모양이 되는 거야.

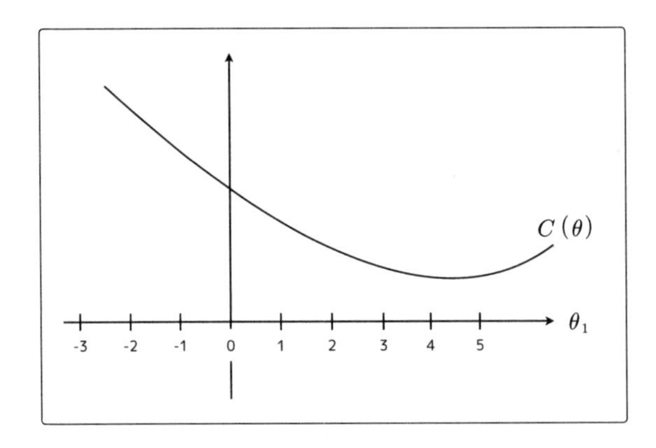

그림 4-14

아, 그러고 보니 아래로 볼록하다고 이야기했었지?

이건 그림을 보면 최솟값이 어디에 있는지 금방 알 수 있겠지?

$\theta_1=4.5$ 부근이 최솟값이겠지.

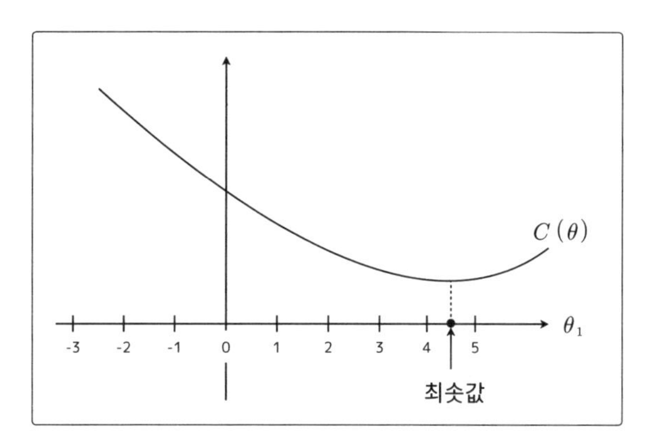

그림 4-15

그래. 정칙화 항이 없는 목적함수의 모양에서는 $\theta_1=4.5$ 부근에 최솟값이 존재해. 그럼 $R(\theta)$에 대해 이야기할 건데 이것은 $\frac{1}{2}\theta_1^2$의 모양이니까 원점을 지나는 단순한 2차 함수지. 이것의 그래프는 너도 그릴 수 있을 거야.

그렇군. 단순하네. 이렇게 그리면 되지?

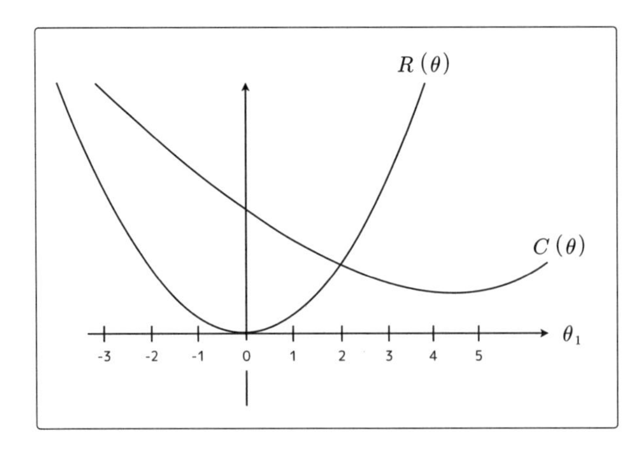

그림 4-16

잘했어. 실제로 필요한 목적함수는 이 두 개를 더한 $E(\theta) = C(\theta) + R(\theta)$니까 이 식을 그래프로 그려 볼래? 그리고 그 그래프에서 최솟값이 어디에 있는지도 조사해 봐.

두 개의 함수를 더한 그래프를 그리는 것이니까... θ_1의 각 점에서 $C(\theta)$의 높이와 $R(\theta)$의 높이를 더해서 그것을 선으로 연결하면 되겠지? 이렇게? 최솟값은 $\theta_1 = 0.9$인 것 같은데?

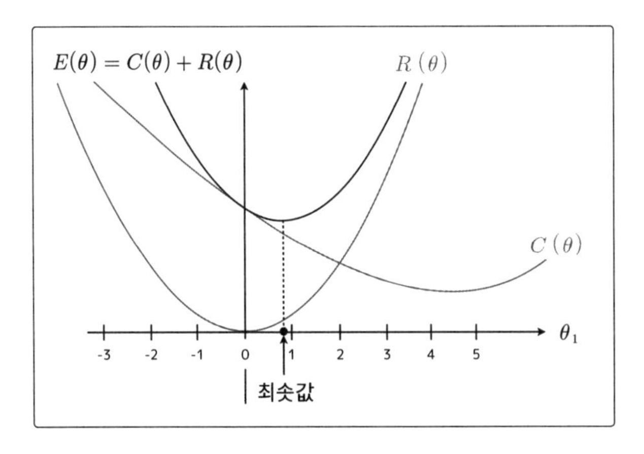

그림 4-17

정칙화 항을 더하기 전과 비교해서 θ_1이 0에 가까워진 것을 알겠니?

응. 진짜네. $\theta_1 = 4.5$에서 최소였던 것이 $\theta_1 = 0.9$에서 최소가 됐으니까 분명히 0에 가까워진 거야.

이것이 정칙화의 효과라고 할 수 있지. 다시 말하면 매개변수가 너무 커지는 것을 방지해서 작은 값에 가까워지게 하는 거야. 지금은 θ_1에 관해서만 생각하고 있지만 각각의 θ_j에서도 이런 효과를 볼 수 있어.

그러면 과잉적합을 방지할 수 있는 거야?

매개변수의 값이 작으면 그만큼 해당 변수가 주는 영향을 줄일 수 있다는 얘기야. 예를 들어 다음과 같은 예측함수 $f_\theta(\boldsymbol{x})$를 생각해 보자구.

$$f_{\boldsymbol{\theta}}(\boldsymbol{x}) = \theta_0 + \theta_1 x + \theta_2 x^2 \tag{4.3.5}$$

단순한 2차식이군.

조금 극단적인 이야기지만 예를 들어 $\theta_2 = 0$이 된 경우에 2차식이 아니고 1차식이 되지?

응. x^2항이 사라져버리니까.

그래. 요컨대 본래는 곡선이었던 예측함수가 직선이 되는 거야.

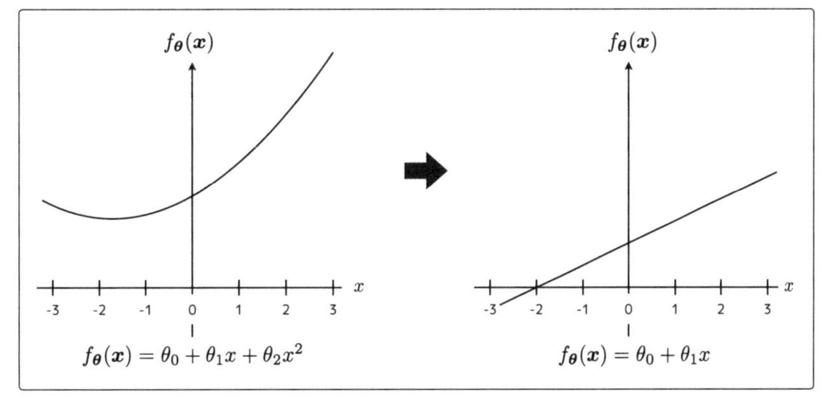

그림 4-18

필요없는 매개변수가 주는 영향을 줄이면 복잡한 모델을 단순한 모델로 바꿔서 과잉적합을 방지할 수 있다는 얘기지.

참 대단해...

하지만 이것은 단지 예제일 뿐이야. 반드시 차수가 가장 높은 항의 매개변수 값을 줄여야 하는 것은 아니니까 오해하지 마. 그래도 이해는 됐지?

응. 매개변수의 영향이 너무 커지지 않게 페널티를 주면서 학습하는 것이지?

맞아. 그런 얘기야. 말하자면 페널티지.

그렇다면 처음에 이야기한 λ는 정칙화 페널티를 얼마나 강하게 부과할지를 정하는 것인가?

맞아. 예를 들어 $\lambda=0$으로 정하면 정칙화를 적용하지 않은 것과 같아.

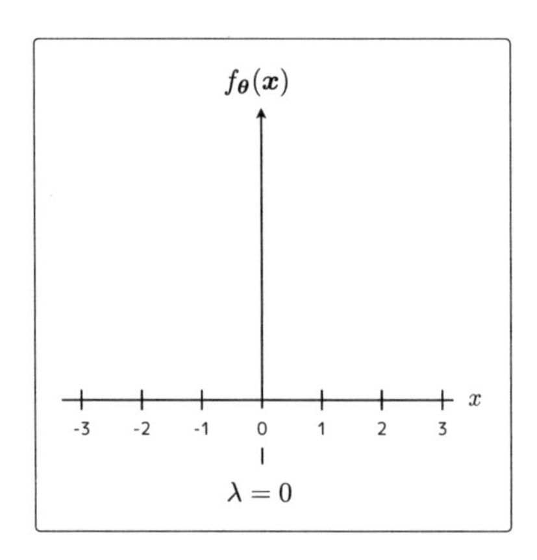

그림 4-19

반대로 λ를 너무 크게 정하면 정할수록 정칙화 페널티가 강해져가는 거야.

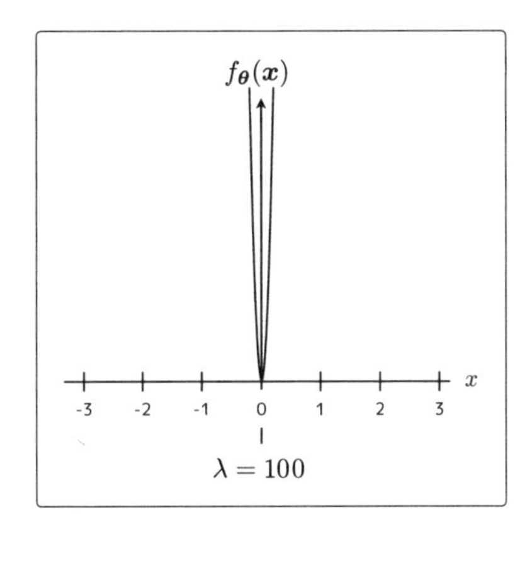

그림 4-20

Section 3 Step 4 분류의 정칙화

지금은 회귀에 대해 이야기하고 있는데 분류에도 정칙화를 동일하게 적용할 수 있는 거니?

물론이지. 로지스틱 회귀에서 나왔던 목적함수는 기억하고 있지?

대수우도함수...였었지?

$$\log L(\boldsymbol{\theta}) = \sum_{i=1}^{n} \left(y^{(i)} \log f_{\boldsymbol{\theta}}(\boldsymbol{x}^{(i)}) + (1 - y^{(i)}) \log(1 - f_{\boldsymbol{\theta}}(\boldsymbol{x}^{(i)})) \right) \tag{4.3.6}$$

응. 그거야. 회귀와 마찬가지로 해당 목적함수에 정칙화 항을 더하기만 하면 돼. 이론은 같아.

$$\log L(\boldsymbol{\theta}) = -\sum_{i=1}^{n} \left(y^{(i)} \log f_{\boldsymbol{\theta}}(\boldsymbol{x}^{(i)}) + (1 - y^{(i)}) \log(1 - f_{\boldsymbol{\theta}}(\boldsymbol{x}^{(i)})) \right) + \frac{\lambda}{2} \sum_{j=1}^{m} \theta_j^2 \tag{4.3.7}$$

응? 본래의 목적함수에 마이너스 기호가 붙었는데?

대수우도함수는 본래 최대화하는 것을 목적으로 했잖아. 하지만 지금은 회귀의 목적함수에 맞춰 최소화 문제로 간주하는 거야. 이렇게 하면 회귀에서 하는 것과 동일한 방법으로 취급할 수 있지. 그래서 여기에 정칙화 항을 더하기만 하면 돼.

아, 그렇구나. 부호를 반전시켜서 최대화를 최소화로 만든다는 것이구나.

물론 부호를 반전시켰으니까 매개변수를 갱신할 때 회귀에서 했던 것처럼 미분한 함수의 부호와 반대 방향으로 움직이게 해야 하지.

알았어. 하지만 목적함수의 모양이 바뀌면 매개변수 갱신식도 바뀌는 것 아니니?

응. 그렇지만 추가로 정칙화 항 부분을 미분하면 되니까 어려울 것은 전혀 없지. 회귀부터 함께 해보자구.

화이팅!

Section 3 | Step 5 | 정칙화한 식을 미분한다

아까 회귀의 목적함수를 $C(\theta)$와 $R(\theta)$로 나눴지? 이것이 새로운 목적함수인데 이것을 미분할 거야.

$$E(\boldsymbol{\theta}) = C(\boldsymbol{\theta}) + R(\boldsymbol{\theta}) \tag{4.3.8}$$

음... 그럼 덧셈이니까 각각을 편미분하면 되지?

$$\frac{\partial E(\boldsymbol{\theta})}{\partial \theta_j} = \frac{\partial C(\boldsymbol{\theta})}{\partial \theta_j} + \frac{\partial R(\boldsymbol{\theta})}{\partial \theta_j} \tag{4.3.9}$$

맞아. $C(\theta)$는 본래의 목적함수이잖아. 회귀를 설명할 때 이미 미분된 것을 구했었지? 식 2.3.17을 떠올려 봐.

$$\frac{\partial C(\boldsymbol{\theta})}{\partial \theta_j} = \sum_{i=1}^{n} \left(f_{\boldsymbol{\theta}}(\boldsymbol{x}^{(i)}) - y^{(i)} \right) x_j^{(i)} \tag{4.3.10}$$

그렇구나. 이걸 그대로 사용할 수 있겠어. 그럼 이제 정칙화항 부분만 미분하면 되겠네.

바로 그거야. 정칙화항은 매개변수를 단순히 제곱해서 더한 것이니까 쉽게 미분할 수 있어.

$$\begin{aligned} R(\boldsymbol{\theta}) &= \frac{\lambda}{2} \sum_{j=1}^{m} \theta_j^2 \\ &= \frac{\lambda}{2}\theta_1^2 + \frac{\lambda}{2}\theta_2^2 + \cdots + \frac{\lambda}{2}\theta_m^2 \end{aligned} \tag{4.3.11}$$

그렇군... 다음과 같이 하면 돼?

$$\frac{\partial R(\boldsymbol{\theta})}{\partial \theta_j} = \lambda \theta_j \tag{4.3.12}$$

응. 맞았어. 이때도 미분할 때 $\frac{1}{2}$이 상쇄되기 때문에 미분한 후에 나온 식이 간단한 모양이 된다는 것을 알 수 있지.

그렇구나. 그렇다면 최종적인 미분 결과는 다음과 같겠네.

$$\frac{\partial E(\boldsymbol{\theta})}{\partial \theta_j} = \sum_{i=1}^{n} \left(f_{\boldsymbol{\theta}}(\boldsymbol{x}^{(i)}) - y^{(i)} \right) x_j^{(i)} + \lambda \theta_j \tag{4.3.13}$$

잘했어. 이제 이 미분 결과를 매개변수 갱신식에 적용하면 돼.

다음과 같이 하면 돼?

$$\theta_j := \theta_j - \eta \left(\sum_{i=1}^{n} \left(f_{\boldsymbol{\theta}}(\boldsymbol{x}^{(i)}) - y^{(i)} \right) x_j^{(i)} + \lambda \theta_j \right) \tag{4.3.14}$$

잘했어. 이것이 바로 정칙화 항이 첨가된 매개변수 갱신식이야. 그러나 θ_0에는 정칙화를 적용하지 않는다고 말했듯이 $R(\theta)$를 θ_0로 미분하면 0이 되니까 식 4.3.14에 있는 $\lambda\theta_j$가 사라지거든. 그래서 정확히 말하면 다음과 같이 두 가지 경우로 나눠야 하니까 주의해야 해.

$$\begin{aligned} \theta_0 &:= \theta_0 - \eta \left(\sum_{i=1}^{n} \left(f_{\boldsymbol{\theta}}(\boldsymbol{x}^{(i)}) - y^{(i)} \right) x_j^{(i)} \right) \\ \theta_j &:= \theta_j - \eta \left(\sum_{i=1}^{n} \left(f_{\boldsymbol{\theta}}(\boldsymbol{x}^{(i)}) - y^{(i)} \right) x_j^{(i)} + \lambda \theta_j \right) \quad (j > 0) \end{aligned} \tag{4.3.15}$$

아, 그렇구나. 이제까지 배운 지식이 있어서 잘 할 수 있었어.

로지스틱 회귀도 과정은 같아. 본래의 목적함수를 $C(\theta)$라고 하고 정칙화 항을 $R(\theta)$이라고 하면 이 두 개를 더한 $E(\theta)$를 미분하는 거야.

$$C(\boldsymbol{\theta}) = -\sum_{i=1}^{n}\left(y^{(i)}\log f_{\boldsymbol{\theta}}(\boldsymbol{x}^{(i)}) + (1-y^{(i)})\log(1-f_{\boldsymbol{\theta}}(\boldsymbol{x}^{(i)}))\right)$$

$$R(\boldsymbol{\theta}) = \frac{\lambda}{2}\sum_{j=1}^{m}\theta_j^2$$

$$E(\boldsymbol{\theta}) = C(\boldsymbol{\theta}) + R(\boldsymbol{\theta})$$

(4.3.16)

각각의 항을 미분하면 된다는 것은 회귀를 할 때와 같구나.

$$\frac{\partial E(\boldsymbol{\theta})}{\partial\theta_j} = \frac{\partial C(\boldsymbol{\theta})}{\partial\theta_j} + \frac{\partial R(\boldsymbol{\theta})}{\partial\theta_j}$$

(4.3.17)

그래. 로지스틱 회귀에서 본래의 목적함수 $C(\theta)$의 미분은 식 3.7.16으로 구했지만 지금은 최소화 문제의 형태로 계산하는 것이니까 식의 맨 앞에 마이너스 기호가 붙는다는 점에 주의해야 해. 부호가 반전된 것이지.

$$\frac{\partial C(\boldsymbol{\theta})}{\partial\theta_j} = \sum_{i=1}^{n}\left(f_{\boldsymbol{\theta}}(\boldsymbol{x}^{(i)}) - y^{(i)}\right)x_j^{(i)}$$

(4.3.18)

알았어.

그리고 정칙화 항 $R(\theta)$를 미분한 것도 방금 전에 구한 것을 그대로 사용할 수 있어.

$$\frac{\partial R(\boldsymbol{\theta})}{\partial\theta_j} = \lambda\theta_j$$

(4.3.19)

아, 그렇구나. 새로 계산해야 하는 것이 없어서 좋다. 그럼 매개변수 갱신식은 다음과 같이 계산하면 되겠지? 이번에는 θ_0를 각각의 경우로 나눴어.

$$\theta_0 := \theta_0 - \eta \left(\sum_{i=1}^{n} \left(f_{\boldsymbol{\theta}}(\boldsymbol{x}^{(i)}) - y^{(i)} \right) x_j^{(i)} \right)$$

$$\theta_j := \theta_j - \eta \left(\sum_{i=1}^{n} \left(f_{\boldsymbol{\theta}}(\boldsymbol{x}^{(i)}) - y^{(i)} \right) x_j^{(i)} + \lambda\theta_j \right) (j > 0)$$

(4.3.20)

잘했어. 지금 소개한 것을 정확히 말하면 **L2 정칙화**라고 불러.

L2라구...?

그밖에 **L1 정칙화**라고 불리는 것도 있는데 이것은 정칙화 항 R에 다음과 같은 식을 사용하지.

$$R(\boldsymbol{\theta}) = \lambda \sum_{i=1}^{m} |\theta_i|$$

(4.3.21)

정칙화하는 방법이 하나뿐이 아니라는 말이야? 그럼 어느 것을 사용해야 하지...?

L1 정칙화의 특징을 이야기하자면 불필요하다고 판단되는 매개변수가 0이 되어 변수의 개수가 없어지는 것이야. 방금 봤던 2차식이 1차식이 되는 것처럼 말이야. L2 정칙화에서는 매개변수가 0이 되는 일이 그다지 없지만 L1 정칙화에서는 그런 일이 정말로 일어나는 거야.

L2 정칙화는 변수의 영향이 너무 커지지 않도록 억제하고 L1 정칙화는 불필요한 변수를 삭제한다는 말인가?

응. 어느 쪽을 사용해야 할지는 해당 문제에 의해 정해지는 것이야. 그러니까 이런 기법이 있다는 것만 알아두면 나중에 쓸모가 있을 거야.

Section 4 학습곡선

Section 4 Step 1 오적합

이제까지 과잉적합에 관해 이야기했는데 반대로 **오적합**(Underfitting)이라는 상태도 있단다. 이 경우에도 모델의 성능이 나빠지지.

너무 학습돼도 나쁘고 너무 학습이 안 돼도 나쁘다는 말인가... 적당한 것이 좋다는 말이네.

응. 하지만 그렇게 적당하게 하는 것이 꽤 어렵지.

과잉적합의 반대말이니까 오적합이란 것은 요컨대 학습 데이터에 맞춰지지 않은 상태를 말하는 거니?

맞아. 예를 들어 다음 그림과 같이 복잡한 경계선을 가지는 데이터를 직선으로 분류하려고 하면 아무리 애를 써도 깔끔하게 분류할 수 없어서 결과적으로 정확도가 나빠지지.

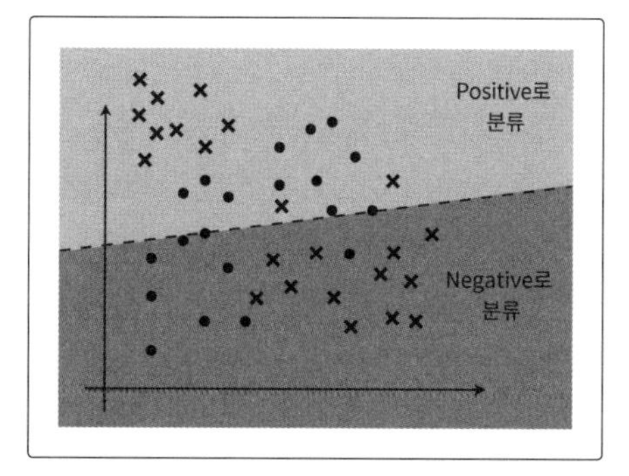

그림 4-21

아, 이건 완전히 엉망이야.

해결하려는 문제에 대해 모델이 너무 단순하다는 것이 이렇게 되는 주요 원인이야.

원인도 과잉적합과는 반대네.

그렇지. 기본적으로 과잉적합과 오적합은 반대의 관계이고 그래서 원인도 다르고 그에 대한 대책도 달라.

Section 4 Step 2 과잉적합과 오적합을 판별한다

음... 그렇지만 모델을 평가해서 정확도를 보기만 하면 과잉적합인지 오적합인지 알 수 있을까?

좋은 질문이야. 나도 지금 그 얘기를 하려고 했었어.

아, 내가 핵심을 찔렀구나.

네가 말한대로 사실은 정확도만 가지고는 어디에 원인이 있는지 알 수 없어.

아, 역시. 과잉적합인지 오적합인지 어떻게 판단해야 하는 걸까?

가로축을 데이터의 개수라고 하고 세로축을 정확도라고 하면 학습용 데이터와 테스트용 데이터의 정확도를 그래프로 나타낼 수 있어.

음... 무슨 얘기야?

구체적으로 말하면 이 10개의 학습 데이터를 사용해서 회귀하는 것을 생각해 보자구.

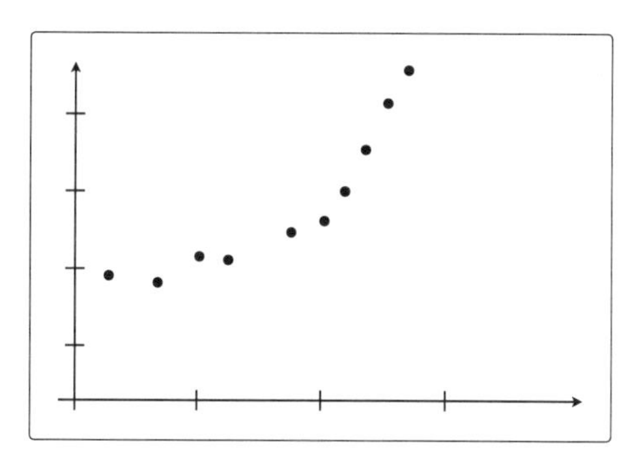

그림 4-22

2차 함수가 맞을 것 같은 데이터구나.

그렇지? 하지만 지금은 $f_\theta(\boldsymbol{x})$를 1차 함수라고 가정하고 이야기를 진행하겠어. 이 중에서 학습 데이터를 대강 두 개만 선택해서 이것으로 학습시켜보자.

겨우 두 개?

응. 학습용 데이터 두 개를 대강 선택해봐. 그 두 개만으로 학습시킨다고 하면 $f_\theta(\boldsymbol{x})$는 어떤 모양이 될까?

응. 진짜 선택해도 돼? 이렇게?

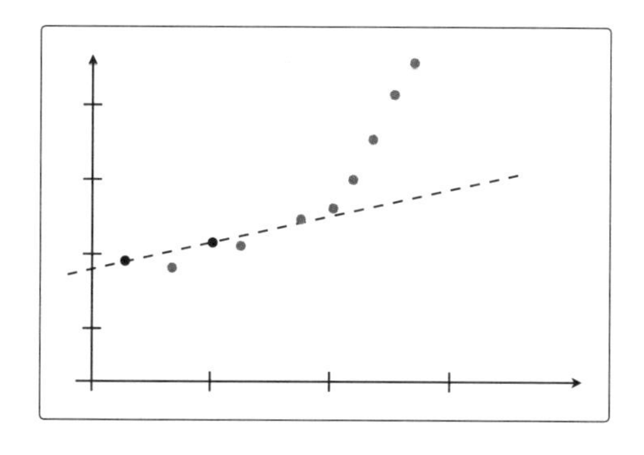

그림 4-23

그래. 그 상태라면 모든 점에 딱 맞아서 오차가 0이 되지?

두 개밖에 없으니까 당연하지. 1차 함수라면 두 점을 지나도록 학습되겠지.

자, 이번에는 학습용 데이터 10개를 학습시킨다면?

1차 함수를 하고 있지? 되도록 잘 맞게 하려면... 이렇게 하면 될까?

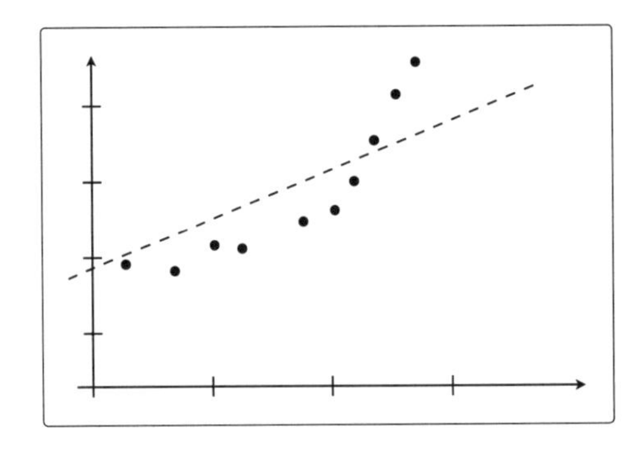
그림 4-24

응. 적당한 것 같아. 이것은 오차가 0이라고는 전혀 말할 수 없겠지?

$f_\theta(\boldsymbol{x})$가 1차 함수이니까. 이것이 한계겠지.

그래. 여기서 내가 말하려고 한 것은 모델이 너무 간단한 경우에는 데이터량이 늘어남에 따라 오차도 조금씩 커지게 돼 있어. 다시 말하면 정확도가 조금씩 낮아지는 거지.

아, 듣고 보니 그렇구나.

처음에 얘기 했듯이 가로축을 데이터의 개수라고 하고 세로축을 정확도라고 했을 때 그래프로 이 상태를 그려보면 대강 다음과 같은 모양이 될 거야.

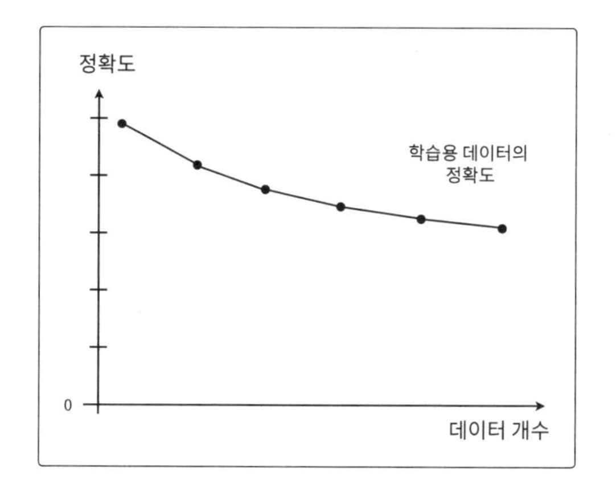

그림 4-25

그렇구나. 처음에는 정확도가 높지만 데이터량이 늘어남에 따라 정확도가 조금씩 낮아지고 있어.

이번에는 테스트용 데이터로 평가해보자. 방금 사용한 학습 데이터 10개와는 다른 테스트용 데이터가 있다고 가정하고 각각의 모델에서 테스트용 데이터를 평가해서 방금 했던 것처럼 정확도를 구해서 그래프로 그려보는 거야.

두 개의 데이터로 학습시킨 모델에서 테스트용 데이터를 평가하고 10개의 데이터로 학습시킨 모델에서 테스트용 데이터를 평가한다는 거지?

맞아. 학습용 데이터 개수가 적을 때의 모델에서는 미지의 데이터를 예측하는 것은 어려우니까 정확도가 낮아지는 거야. 반대로 학습용 데이터가 많아지면 많아질수록 조금씩 예측 정확도가 높아지지. 그래프로 그려보면 다음과 같은 모양이 될 거야.

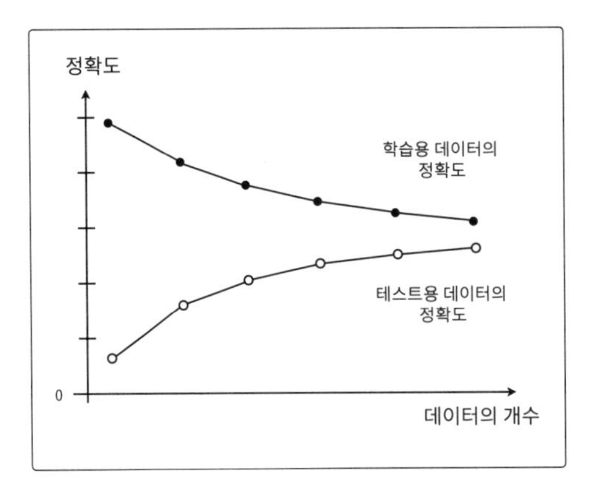

그림 4-26

그렇구나.

학습용 데이터와 테스트용 데이터의 정확도를 그래프로 그려 봐서 이런 모양이 된다면 오적합 상태라고 판단하면 돼. 바이어스라고 판단될 때도 있지만 같은 의미야.

데이터의 개수를 늘려도 학습용 데이터로 평가해보면 정확도가 나쁜 상태가 되고 테스트용 데이터로 평가해봐도 정확도가 나쁜 상태가 된다는 말이구나.

말로 설명하자면 네 말이 맞아. 그리고 그래프에서 주목해야 할 포인트는 여기야.

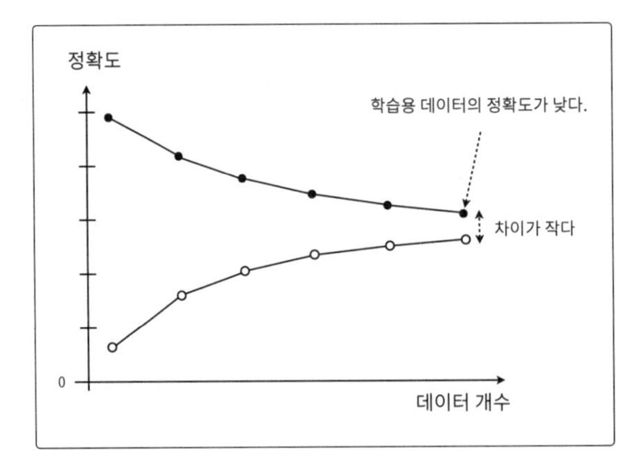

그림 4-27

반대로 과잉적합이 된 경우의 그래프는 다음과 같아. **하이 베리언스**라고도 하지.

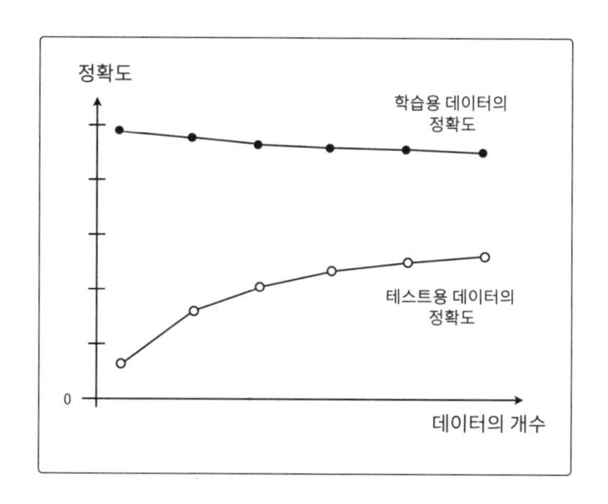

그림 4-28

학습용 데이터는 데이터의 개수를 늘리면 정확도가 계속 높은 상태로 있고 테스트용 데이터는 정확도가 더 이상 높아지지 않네.

학습용 데이터에만 잘 맞게 된다는 과잉적합의 특징이지. 이 그래프에서 주목해야 할 포인트는 여기야.

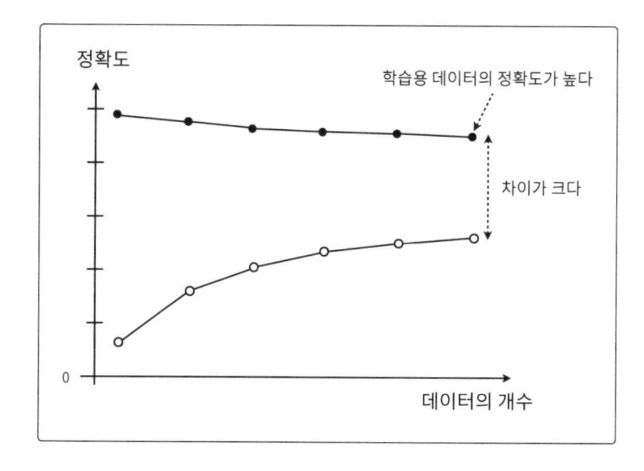

그림 4-29

그렇구나. 두 개의 그래프 모두에서 오적합과 과잉적합의 특징이 나타났어.

이렇게 데이터의 개수와 정확도를 그래프로 나타낸 것을 학습곡선이라고 해.

학습곡선이라... 그럼 모델의 정확도가 나쁘다는 것은 알고 있는 상태이지만 과잉적합인지 오적합인지 알 수 없을 때는 학습곡선을 그려보면 된다는 얘기네.

맞아. 학습곡선을 보고 과잉적합인지 오적합인지 판단할 수 있으면 거기에 맞게 대응해서 모델을 개선할 수 있는 거야.

모델에 대해서는 할 얘기가 정말 많구나. 머신러닝 알고리즘을 공부하는 것만으로는 부족하다는 것을 잘 알았어.

모델을 평가하는 지표나 기법에 관해서는 오늘 배운 것 외에도 많은 내용이 있으니까 찾아보면 좋아.

알았어. 오늘 참 고마웠어!

Chapter

5

파이썬으로 프로그래밍해보자

이번 장에서는 드디어 연아가
회귀와 분류를 프로그래밍하는 작업에 도전한다고 합니다.
지금까지 배운 내용을 활용해서 좋은 프로그램을 만들 수 있을까요?
부록의 8절에서는 프로그래밍을 위한 환경을 구축하는 방법을 설명하고 있으므로
여러분도 연아와 함께 프로그램을 만들어 보면 어떨까요?

Section 1 파이썬으로 구현해보자

지금까지 회귀와 분류와 평가에 관해 배웠는데 아직 공부해야 할 것이 있니?

응. 실제로 그 밖에도 머신러닝 알고리즘은 많이 있고 최근 연구 결과도 재미있는 것이 많이 나오고 있어서 찾아보면 여러 가지 용도에 사용될 수 있는 것이 많아. 하지만 기초 과정에서는 지금까지 배운 내용으로도 충분하다고 생각해.

기초는 충분하다...는 거구나. 나는 아직 불안한데 말이야.

아마 지금의 너는 이제 내가 없어도 잘 할 수 있을 것이라고 생각해. 이제까지 회귀와 분류를 공부하면서 학습 데이터를 사용해서 매개변수를 갱신하는 것을 배워왔으니까. 이 기본적인 개념은 다른 머신러닝 알고리즘에서도 똑같아. 데이터를 가지고 매개변수를 갱신해가는 것이라는 개념을 알고 있으면 다 이해할 수 있을 거야.

음... 그건 알겠지만... 하지만 역시 나 혼자서는 이해할 수 있을지 어떨지 불안하단 말이야.

실제로 프로그래밍 언어를 사용해서 회귀와 분류를 **구현**해보면 더욱 깊이 이해할 수 있을 테니까 일단은 구현해보는 게 어때?

그런가...? 그렇지? 내가 직접 한 번 구현해보는 게 좋겠지?

함께 구현해보자구. 넌 어떤 언어를 잘 다루니?

잘 한다고는 할 수 없지만 **파이썬**으로 구현해볼까?

너 파이썬을 사용해본 적 없지? 이번이 도전 과제가 되겠네.

머신러닝 분야에서 자주 사용된다고 들어서 예전부터 관심이 있었어. 기초적인 문법은 공부했으니까 잘 할 수 있을 것 같아.

역시 현역 프로그래머구나. 멋져.

Section 2 회귀

Section 2 Step 1 학습 데이터를 확인하자

그럼 일단 **회귀**부터 해보자구. 적당한 학습 데이터를 준비했거든. 이걸 사용해서 구현해보자.

■ click.csv

```
x,y
235,591
216,539
148,413
35,310
85,308
204,519
49,325
25,332
173,498
191,498
134,392
99,334
117,385
112,387
162,425
272,659
159,400
```

159,427
59,319
198,522

이게 바로 **학습 데이터**가 되는 거구나. 숫자만 나열돼 있어서 무엇을 의미하는지 잘 모르겠지만 말이야.

응, 맞아. 일단 Matplotlib을 사용해서 점 그래프로 나타내면 알 수 있을 거야.

아, 그렇군.

POINT

Matplotlib은 그래프를 그리는 라이브러리입니다. 이 책에서는 데이터를 가시화하기 위해 이용하는데 필수로 알아야 할 기술이 아니므로 그래프를 그리는 부분은 생략하고 넘어가도 괜찮습니다. Matplotlib에 관한 자세한 내용은 공식 사이트인 https://matplotlib.org/에서 확인하기 바랍니다.

POINT

다음 과정에서는 파이썬 소스코드를 실행할 것입니다. 파이썬을 사용하기 위한 준비나 실행하는 방법에 관해서는 부록 8~10절을 참조하기 바랍니다. 다음에 나오는 '예제 코드'에서는 '>>>'의 오른쪽에 있는 코드를 한 행씩 입력하고 Enter를 눌러 실행하기 바랍니다. '…'이 나왔을 때는 코드를 들여쓰기해서 입력하고 Enter를 누릅니다.

■ 파이썬 대화형 실행환경에서 실행(예제 코드 5-2-1)

```
>>> import numpy as np
>>> import matplotlib.pyplot as plt
>>>
>>> # 학습 데이터를 읽는다
>>> train = np.loadtxt('click.csv', delimiter=',', skiprows=1)
>>> train_x = train[:,0]
>>> train_y = train[:,1]
>>>
>>> # 점 그래프를 그린다
>>> plt.plot(train_x, train_y, 'o')
>>> plt.show()
```

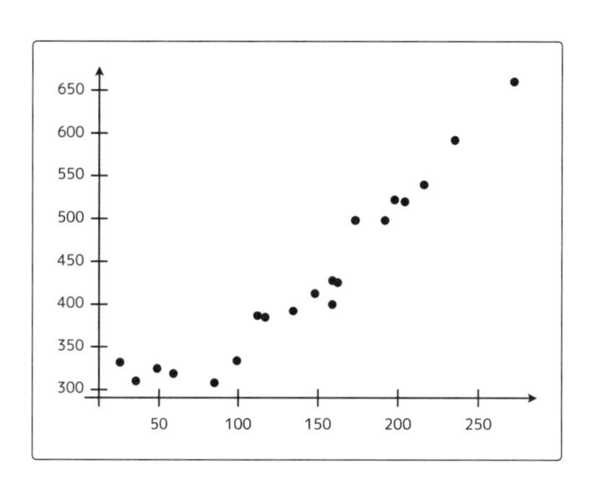

그림 5-1

그렇구나. 회귀를 배울 때 네가 예제로 사용한 데이터와 많이 닮았네.

응. 데이터를 그때와 비슷하게 만들었어.

Section 2	Step 2	1차함수로 구현한다

일단 $f_\theta(x)$를 1차함수로 구현해볼까? 이런 $f_\theta(x)$와 목적함수 $E(\theta)$를 구현하는 거야.

$$f_\theta(x) = \theta_0 + \theta_1 x$$

$$E(\theta) = \frac{1}{2}\sum_{i=1}^{n}\left(y^{(i)} - f_\theta(x^{(i)})\right)^2 \tag{5.2.1}$$

θ_0와 θ_1도 초기화해야 하잖아. 초깃값은 무작위로 정해도 되는 거였지?

■ **파이썬 대화형 실행환경에서 실행(예제 코드 5-2-2)**

```
>>> # 매개변수를 초기화한다
>>> theta0 = np.random.rand()
>>> theta1 = np.random.rand()
>>>
>>> # 예측함수
>>> def f(x):
...     return theta0 + theta1 * x
...
>>> # 목적함수
>>> def E(x, y):
...     return 0.5 * np.sum((y - f(x)) ** 2)
...
```

응, 잘 했어.

좋았어. 이제 이것으로 준비는 끝난 건가? 매개변수를 갱신하는 부분도 구현해야겠지?

그러기 전에 또 한 가지 해둬야 할 것이 있어. 학습 데이터의 평균을 0으로 변환하고 분산을 1로 변환하는 거야.

응? 그게 뭐야?

절대로 해야 할 전처리는 아니지만 이것을 해두면 매개변수가 빨리 수렴하게 돼. '**표준화**' 또는 '**z-score 정규화**'라고 부르기도 하는데 다음과 같은 식을 사용해서 변환하는 거야. μ는 학습 데이터의 **평균**이고 σ는 **표준편차**를 나타내.

$$z^{(i)} = \frac{x^{(i)} - \mu}{\sigma} \tag{5.2.2}$$

아, 그럼 변환도 미리 해두는 것이 좋겠네. 프로그램은 다음과 같이 짜면 될까?

■ 파이썬 대화형 실행환경에서 실행(예제 코드 5-2-3)

```
>>> # 표준화
>>> mu = train_x.mean()
>>> sigma = train_x.std()
>>> def standardize(x):
...     return (x - mu) / sigma
...
>>> train_z = standardize(train_x)
```

그래. 변환한 데이터를 다시 한 번 점 그래프로 나타내면 가로축의 스케일이 변한 것을 알 수 있을 거야.

알았어. 그래프로 나타내 볼게.

■ 파이썬 대화형 실행환경에서 실행(예제 코드 5-2-4)

```
>>> plt.plot(train_z, train_y, 'o')
>>> plt.show()
```

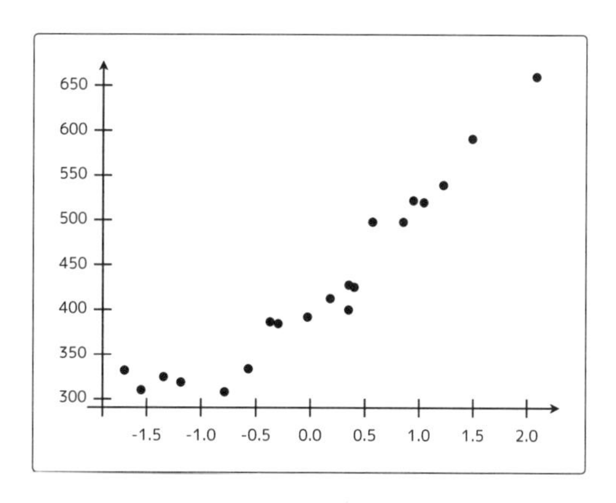

그림 5-2

진짜네. 가로축의 스케일이 작아졌어.

이제 매개변수를 갱신하는 부분을 구현해야겠지? 갱신식은 기억하고 있어?

$$\theta_0 := \theta_0 - \eta \sum_{i=1}^{n} \left(f_\theta(x^{(i)}) - y^{(i)} \right)$$

$$\theta_1 := \theta_1 - \eta \sum_{i=1}^{n} \left(f_\theta(x^{(i)}) - y^{(i)} \right) x^{(i)} \tag{5.2.3}$$

응. 기억하고 있어. η는 얼마 정도로 잡아야 할까?

음... 딱 얼마라고 말할 수는 없고 시행착오를 해가면서 정해야 하지만 일단 10^{-3} 정도로 해보자.

알았어. 그러고 보니 목적함수를 미분해서 매개변수 갱신을 반복한다고 말했는데 말야. 몇 회 정도를 반복해야 하는 거야?

횟수를 지정할 경우도 있고 매개변수를 갱신하기 전후의 목적함수의 값을 비교해서 갱신 이전과 이후가 거의 변화하지 않았다면 끝낼 경우도 있지.

그렇구나. 갱신 전후의 값을 비교하면 된다는 거지?

그리고 또 한 가지 주의해야 할 점이 있어. 매개변수의 갱신은 동시에 해야 한다는 점이야. 만일 θ_0를 모두 갱신하고 나서 θ_1을 갱신하려면 갱신이 끝난 θ_0을 사용하면 안 되고 갱신하기 전의 θ_1을 사용해야 해.

그렇구나... 그런 개념을 모두 적용해서 구현해보면... 다음과 같이 하면 될까? 일단 로그도 출력해볼까?

■ **파이썬 대화형 실행환경에서 실행(예제 코드 5-2-5)**

```
>>> # 학습률
>>> ETA = 1e-3
>>>
>>> # 오차의 차분
>>> diff = 1
>>>
>>> # 갱신 횟수
```

```
>>> count = 0
>>>
>>> # 학습을 반복한다
>>> error = E(train_z, train_y)
>>> while diff > 1e-2:
...     # 갱신 결과를 임시변수에 저장한다
...     tmp0 = theta0 - ETA * np.sum((f(train_z) - train_y))
...     tmp1 = theta1 - ETA * np.sum((f(train_z) - train_y) * train_z)
...     # 매개변수를 갱신한다
...     theta0 = tmp0
...     theta1 = tmp1
...     # 이전 회의 오차와의 차분을 계산한다
...     current_error = E(train_z, train_y)
...     diff = error - current_error
...     error = current_error
...     # 로그를 출력한다
...     count += 1
...     log = '{}회째: theta0 = {:.3f}, theta1 = {:.3f}, 차분= {:.4f}'
...     print(log.format(count, theta0, theta1, diff))
...
```

다음과 같은 로그가 출력됐어.

■ **로그**

```
# ... 생략 ...
383회째: theta0 = 428.963, theta1 = 93.438, 차분 = 0.0151
384회째: theta0 = 428.967, theta1 = 93.439, 차분 = 0.0145
385회째: theta0 = 428.970, theta1 = 93.440, 차분 = 0.0139
386회째: theta0 = 428.974, theta1 = 93.441, 차분 = 0.0134
387회째: theta0 = 428.978, theta1 = 93.442, 차분 = 0.0128
388회째: theta0 = 428.981, theta1 = 93.442, 차분 = 0.0123
389회째: theta0 = 428.984, theta1 = 93.443, 차분 = 0.0118
390회째: theta0 = 428.988, theta1 = 93.444, 차분 = 0.0114
391회째: theta0 = 428.991, theta1 = 93.444, 차분 = 0.0109
392회째: theta0 = 428.994, theta1 = 93.445, 차분 = 0.0105
393회째: theta0 = 428.997, theta1 = 93.446, 차분 = 0.0101
394회째: theta0 = 429.000, theta1 = 93.446, 차분 = 0.0097
```

응. 결과가 제대로 나온 것 같네. 몇 번 실행해보면 알겠지만 반복하는 횟수나 오차가 줄어드는 간격은 실행할 때마다 달라지니까 주의해야 해.

그건 매개변수의 초깃값을 무작위로 정했기 때문이야?

맞았어. 자, 이제 학습도 끝났고 이 학습 결과를 확인하기 위해 학습 데이터와 $f_\theta(x)$를 그래프로 나타내보자구.

■ **파이썬 대화형 실행환경에서 실행(예제 코드 5-2-6)**

```
>>> x = np.linspace(-3, 3, 100)
>>>
>>> plt.plot(train_z, train_y, 'o')
>>> plt.plot(x, f(x))
>>> plt.show()
```

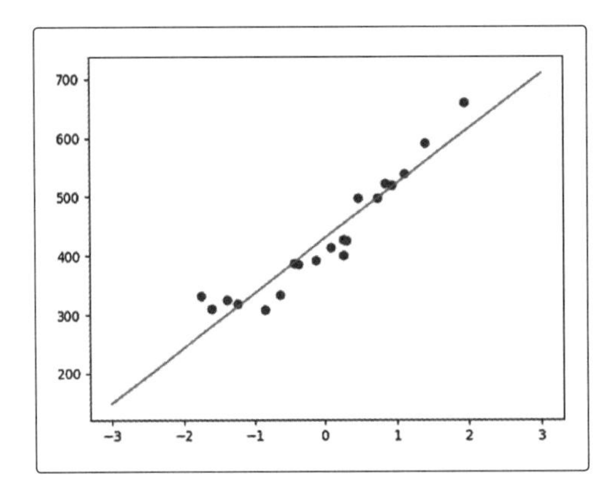

그림 5-3

오오, 대단해! 1차 함수가 학습 데이터에 맞춰졌어.

Section 2 | Step 3 | 검증

시험 삼아 x를 적당히 입력해서 클릭 수를 예측해 봐. 단, 학습 데이터를 표준화해서 계산한 것이니까 예측 데이터도 표준화해야 답이 제대로 나오니까 주의해야 해.

맞다. 표준화했었지? 그럼 해볼게.

■ **파이썬 대화형 실행환경에서 실행(예제 코드 5-2-7)**

```
>>> f(standardize(100))
370.70966211722651
>>> f(standardize(200))
506.36421751505327
>>> f(standardize(300))
642.01877291287997
```

대단해! 정말 그럴듯하게 예측됐어!

이제까지 네가 코딩한 프로그램을 모아서 다음과 같이 정리했어.

■ **예제 파일: regression1_linear.py**[1]

```
import numpy as np
import matplotlib.pyplot as plt

# 학습 데이터를 읽는다
train = np.loadtxt('click.csv', delimiter=',', dtype='int', skiprows=1)
train_x = train[:,0]
train_y = train[:,1]

```

1 이 예제 파일을 실행하려면 일단 대화형 실행환경을 닫아야 합니다(232쪽 참조). 그러나 167쪽에 나온 예제 코드 5-2-8 이후부터는 5-2-7에 이어서 입력해야 하므로 대화형 실행환경을 닫으면 5-2-1부터 다시 입력해야 하므로 주의하기 바랍니다.

```
# 표준화
mu = train_x.mean()
sigma = train_x.std()
def standardize(x):
    return (x - mu) / sigma

train_z = standardize(train_x)

# 매개변수를 초기화한다
theta0 = np.random.rand()
theta1 = np.random.rand()

# 예측함수
def f(x):
    return theta0 + theta1 * x

# 목적함수
def E(x, y):
    return 0.5 * np.sum((y - f(x)) ** 2)

# 학습률
ETA = 1e-3

# 오차의 차분
diff = 1

# 갱신 횟수
count = 0

# 오차의 차분이 0.01이하가 될 때까지 매개변수 갱신을 반복한다
error = E(train_z, train_y)
while diff > 1e-2:
    # 갱신 결과를 임시변수에 저장한다
    tmp_theta0 = theta0 - ETA * np.sum((f(train_z) - train_y))
    tmp_theta1 = theta1 - ETA * np.sum((f(train_z) - train_y) * train_z)

    # 매개변수를 갱신한다
    theta0 = tmp_theta0
    theta1 = tmp_theta1

    # 이전 회의 오차와의 차분을 계산한다
```

```
    current_error = E(train_z, train_y)
    diff = error - current_error
    error = current_error

    # 로그를 출력한다
    count += 1
    log = '{}회째: theta0 = {:.3f}, theta1 = {:.3f}, 차분 = {:.4f}'
    print(log.format(count, theta0, theta1, diff))

# 그래프로 나타낸다
x = np.linspace(-3, 3, 100)
plt.plot(train_z, train_y, 'o')
plt.plot(x, f(x))
plt.show()
```

생각했던 것보다 짧은 코드로 구현됐구나.

지금 우리가 해본 것이 매우 단순한 문제이기 때문이야.

Section 2 | Step 4 | 다항식 회귀를 구현한다

이제 다항식 회귀도 구현해볼까?

$$f_\theta(x) = \theta_0 + \theta_1 x + \theta_2 x^2 \tag{5.2.4}$$

다항식 회귀를 구현하려면 매개변수로 θ_2를 추가해서 예측함수를 고치면 되지?

맞아. 하지만 중회귀를 설명할 때 말했듯이 매개변수도 학습 데이터도 벡터의 형태로 정리하면 더욱 쉽게 해결할 수 있지.

$$\boldsymbol{\theta} = \begin{bmatrix} \theta_0 \\ \theta_1 \\ \theta_2 \end{bmatrix} \quad \boldsymbol{x}^{(i)} = \begin{bmatrix} 1 \\ x^{(i)} \\ x^{(i)^2} \end{bmatrix} \tag{5.2.5}$$

아. 벡터... 그러고 보니 해봤던 것 같아.

그리고 학습 데이터가 여러 개 있으니까 하나의 행을 하나의 학습 데이터로 간주해서 행렬 형태로 정리하는 것이 좋을 것 같아.

$$\boldsymbol{X} = \begin{bmatrix} \boldsymbol{x}^{(1)^{\mathrm{T}}} \\ \boldsymbol{x}^{(2)^{\mathrm{T}}} \\ \boldsymbol{x}^{(3)^{\mathrm{T}}} \\ \vdots \\ \boldsymbol{x}^{(n)^{\mathrm{T}}} \end{bmatrix} = \begin{bmatrix} 1 & x^{(1)} & x^{(1)^2} \\ 1 & x^{(2)} & x^{(2)^2} \\ 1 & x^{(3)} & x^{(3)^2} \\ & \vdots & \\ 1 & x^{(n)} & x^{(n)^2} \end{bmatrix} \tag{5.2.6}$$

그리고 매개변수 벡터 $\boldsymbol{\theta}$와 곱하는 거야. 이렇게 하면 한꺼번에 계산할 수 있지.

$$\boldsymbol{X\theta} = \begin{bmatrix} 1 & x^{(1)} & x^{(1)^2} \\ 1 & x^{(2)} & x^{(2)^2} \\ 1 & x^{(3)} & x^{(3)^2} \\ & \vdots & \\ 1 & x^{(n)} & x^{(n)^2} \end{bmatrix} \begin{bmatrix} \theta_0 \\ \theta_1 \\ \theta_2 \end{bmatrix} = \begin{bmatrix} \theta_0 + \theta_1 x^{(1)} + \theta_2 x^{(1)^2} \\ \theta_0 + \theta_1 x^{(2)} + \theta_2 x^{(2)^2} \\ \vdots \\ \theta_0 + \theta_1 x^{(n)} + \theta_2 x^{(n)^2} \end{bmatrix} \tag{5.2.7}$$

그렇구나!

■ 파이썬 대화형 실행환경에서 실행(예제 코드 5-2-8)

```
>>> # 매개변수를 초기화한다
>>> theta = np.random.rand(3)
>>>
>>> # 학습 데이터를 행렬의 형태로 만든다
>>> def to_matrix(x):
...     return np.vstack([np.ones(x.shape[0]), x, x ** 2]).T
...
>>> X = to_matrix(train_z)
>>>
>>> # 예측함수
>>> def f(x):
...     return np.dot(x, theta)
...
```

맞아. 그렇게 하면 돼. 그러고 나서 매개변수를 갱신하는 부분도 조금 수정해야겠어. 갱신식은 식 2.5.10에서 본 것처럼 다음과 같이 일반화할 수 있지.

$$\theta_j := \theta_j - \eta \sum_{i=1}^{n} \left(f_{\boldsymbol{\theta}}(\boldsymbol{x}^{(i)}) - y^{(i)} \right) x_j^{(i)} \tag{5.2.8}$$

이건 루프를 사용해서 구현하면 될 것 같지만 학습 데이터 행렬 X를 잘 이용하면 한꺼번에 전부 계산할 수 있다구.

응? 무슨 얘기야?

예를 들어 $j=0$일 때 갱신식에 있는 Σ 부분을 전개해보면 다음과 같이 된다는 것 알겠어?

$$(f_{\boldsymbol{\theta}}(\boldsymbol{x}^{(1)}) - y^{(1)})x_0^{(1)} + (f_{\boldsymbol{\theta}}(\boldsymbol{x}^{(2)}) - y^{(2)})x_0^{(2)} + \cdots \tag{5.2.9}$$

응. 단순히 시그마 안쪽에 있는 것을 모두 더한 것이니까.

그 식에서 $f_\theta(x^{(i)})-y^{(i)}$ 부분과 $x_0^{(i)}$ 부분을 각각 벡터로 간주해서 생각해보는 거야.

$$\boldsymbol{f} = \begin{bmatrix} f_{\boldsymbol{\theta}}(\boldsymbol{x}^{(1)}) - y^{(1)} \\ f_{\boldsymbol{\theta}}(\boldsymbol{x}^{(2)}) - y^{(2)} \\ \vdots \\ f_{\boldsymbol{\theta}}(\boldsymbol{x}^{(n)}) - y^{(n)} \end{bmatrix} \quad \boldsymbol{x_0} = \begin{bmatrix} x_0^{(1)} \\ x_0^{(2)} \\ \vdots \\ x_0^{(n)} \end{bmatrix} \tag{5.2.10}$$

아. 그렇구나. 이것을 전치해서 서로 곱하면 모두 더한 것과 같은 결과가 나오겠어.

$$\sum_{i=1}^{n} \left(f_{\boldsymbol{\theta}}(\boldsymbol{x}^{(i)}) - y^{(i)} \right) x_0^{(i)} = \boldsymbol{f}^{\mathrm{T}} \boldsymbol{x_0} \tag{5.2.11}$$

바로 그거야. 이것은 $j=0$일 때를 생각한 것이고 매개변수는 모두 3개니까 같은 방식으로 $\boldsymbol{x}_1$과 $\boldsymbol{x}_2$도 처리하면 돼.

지금은 $x_0^{(i)}$가 모두 1이고 $x_1^{(i)}$가 $x^{(i)}$이고 $x_2^{(i)}$가 $x^{(i)^2}$이지?

$$\boldsymbol{x_0} = \begin{bmatrix} 1 \\ 1 \\ \vdots \\ 1 \end{bmatrix}, \ \boldsymbol{x_1} = \begin{bmatrix} x^{(1)} \\ x^{(2)} \\ \vdots \\ x^{(n)} \end{bmatrix}, \ \boldsymbol{x_2} = \begin{bmatrix} x^{(1)^2} \\ x^{(2)^2} \\ \vdots \\ x^{(n)^2} \end{bmatrix}$$

$$\boldsymbol{X} = \begin{bmatrix} \boldsymbol{x_0} & \boldsymbol{x_1} & \boldsymbol{x_2} \end{bmatrix} = \begin{bmatrix} 1 & x^{(1)} & x^{(1)^2} \\ 1 & x^{(2)} & x^{(2)^2} \\ 1 & x^{(3)} & x^{(3)^2} \\ & \vdots & \\ 1 & x^{(n)} & x^{(n)^2} \end{bmatrix} \tag{5.2.12}$$

맞아. 바로 그거야.

그리고 $\boldsymbol{f}$와 이 $\boldsymbol{X}$를 곱하면 된다는 말이구나.

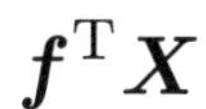

$$\boldsymbol{f}^{\mathrm{T}}\boldsymbol{X} \tag{5.2.13}$$

응. 이렇게 하면 θ를 한꺼번에 갱신할 수 있겠지?

그럴 것 같아. 그럼 구현해볼까? 이렇게 하면 되겠지?

■ 파이썬 대화형 실행환경에서 실행(예제 코드 5-2-9)

```
>>> # 오차의 차분
>>> diff = 1
>>>
>>> # 학습을 반복한다
>>> error = E(X, train_y)
>>> while diff > 1e-2:
...     # 매개변수를 갱신한다
...     theta = theta - ETA * np.dot(f(X) - train_y, X)
...     # 이전의 오차와의 차분을 계산한다
...     current_error = E(X, train_y)
...     diff = error - current_error
...     error = current_error
...
```

계산식이 단순해져서 프로그램이 잘 동작할 것 같아.

다시 한 번 결과를 그래프로 나타내보자구.

응. 그래.

■ **파이썬 대화형 실행환경에서 실행(예제 코드 5-2-10)**

```
>>> x = np.linspace(-3, 3, 100)
>>>
>>> plt.plot(train_z, train_y, 'o')
>>> plt.plot(x, f(to_matrix(x)))
>>> plt.show()
```

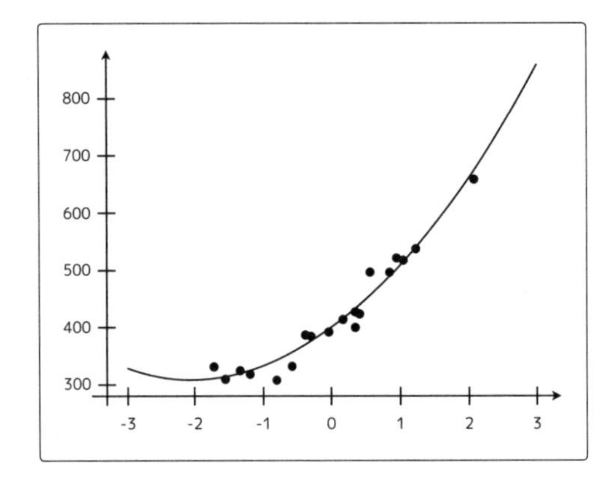

그림 5-4

곡선이 돼서 학습 데이터에 잘 맞았어.

제대로 실행된 결과야.

실제로 구현해보니 진짜 잘 알게 된 것 같아.

반복 횟수를 가로축으로 하고 **평균제곱오차**를 세로축으로 해서 그래프를 그려보면 점점 내려가는 모양이 될 거야.

평균제곱오차는 말야, 식 4.2.1에 나온 다음과 같은 식이지?

$$\frac{1}{n}\sum_{i=1}^{n}\left(y^{(i)} - f_{\boldsymbol{\theta}}(\boldsymbol{x}^{(i)})\right)^2 \tag{5.2.14}$$

응. 맞아.

그럼 코딩해볼게. 반복을 멈추는 조건에 평균제곱오차를 사용해도 되겠지?

■ **파이썬 대화형 실행환경에서 실행(예제 코드 5-2-11)**

```
>>> # 평균제곱오차
>>> def MSE(x, y):
...     return (1 / x.shape[0]) * np.sum((y - f(x)) ** 2)
...
>>> # 매개변수를 무작위로 초기화한다
>>> theta = np.random.rand(3)
>>>
>>> # 평균제곱오차의 히스토리
>>> errors = []
>>>
>>> # 오차의 차분
>>> diff = 1
>>>
>>> # 학습을 반복한다
>>> errors.append(MSE(X, train_y))
>>> while diff > 1e-2:
...     theta = theta - ETA * np.dot(f(X) - train_y, X)
...     errors.append(MSE(X, train_y))
...     diff = errors[-2] - errors[-1]
...
>>> # 오차를 그래프로 나타낸다
>>> x = np.arange(len(errors))
>>>
>>> plt.plot(x, errors)
>>> plt.show()
```

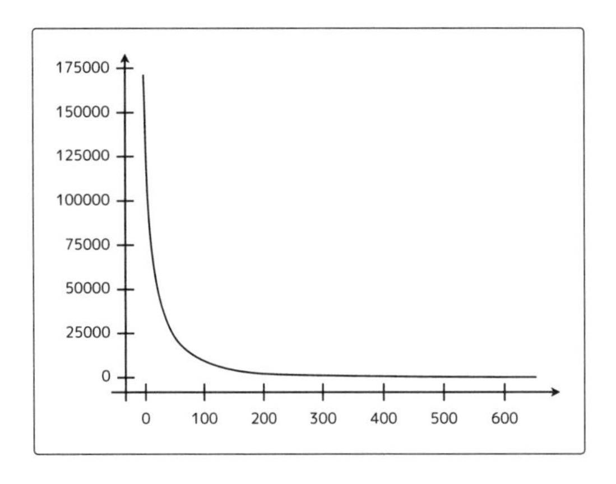

그림 5-5

정말 그렇네. 오차가 점점 작아진다는 걸 알겠어.

이제 회귀는 설명을 끝내도 될 것 같아.

Section 2 | Step 5 | 확률 경사하강법을 구현한다

확률 경사하강법도 구현해볼까?

응. 그러자.

확률 경사하강법은 식 2.6.2에 나온 다음과 같은 식에서 k를 대강 선택해서 매개변수를 갱신해가는 것이었지?

$$\theta_j := \theta_j - \eta(f_{\boldsymbol{\theta}}(\boldsymbol{x}^{(k)}) - y^{(k)})x_j^{(k)} \tag{5.2.15}$$

맞아. 지금은 학습 데이터 행렬 X가 있으니까 해당 행의 순서를 대강 나열하고 나서 이 갱신식을 반복해서 적용하면 돼.

코딩해볼게.

■ 파이썬 대화형 실행환경에서 실행(예제 코드 5-2-12)

```
>>> # 매개변수를 무작위로 초기화
>>> theta = np.random.rand(3)
>>>
>>> # 평균제곱오차의 히스토리
>>> errors = []
>>>
>>> # 오차의 차분
>>> diff = 1
>>>
>>> # 학습을 반복한다
>>> errors.append(MSE(X, train_y))
>>> while diff > 1e-2:
...     # 학습 데이터를 다시 나열하기 위해 무작위 순열을 마련한다
...     p = np.random.permutation(X.shape[0])
...     # 학습 데이터를 무작위로 꺼내어 확률 경사하강법으로 매개변수를 갱신한다
...     for x, y in zip(X[p,:], train_y[p]):
...         theta = theta - ETA * (f(x) - y) * x
...     # 이전에 계산된 오차와의 차분을 계산한다
...     errors.append(MSE(X, train_y))
...     diff = errors[-2] - errors[-1]
...
```

일단 오류가 발생하지 않는 것을 보니 잘 동작할 것 같은데. 다시 한 번 그래프로 나타내서 확인해보자.

■ 파이썬 대화형 실행환경에서 실행(예제 코드 5-2-13)

```
>>> x = np.linspace(-3, 3, 100)
>>>
>>> plt.plot(train_z, train_y, 'o')
>>> plt.plot(x, f(to_matrix(x)))
>>> plt.show()
```

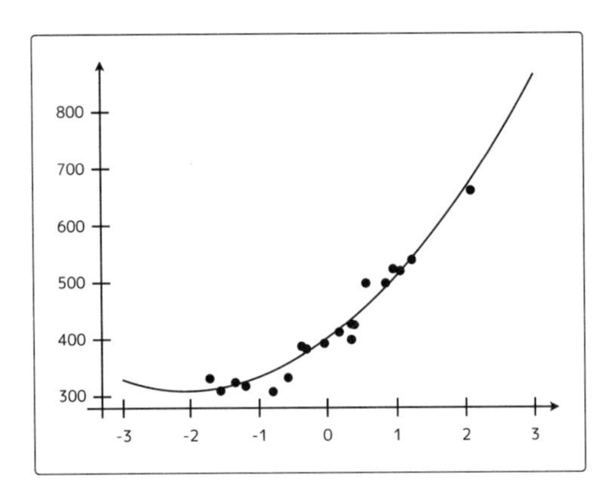

그림 5-6

좋았어. 잘 맞았네.

중회귀에 대해서도 다항식 회귀처럼 행렬로 만들기만 하면 되지?

기본적으로는 네 말이 맞아. 하지만 중회귀의 변수를 표준화할 경우에는 변수마다 표준화해야 하니까 주의해야 해. 변수로 x_1, x_2, x_3이 있다고 가정하면 각각의 평균과 표준편차를 사용해서 표준화하는 거야.

$$z_1^{(i)} = \frac{x_1^{(i)} - \mu_1}{\sigma_1}$$

$$z_2^{(i)} = \frac{x_2^{(i)} - \mu_2}{\sigma_2}$$

$$z_3^{(i)} = \frac{x_3^{(i)} - \mu_3}{\sigma_3} \tag{5.2.16}$$

그렇구나.

통계학 분야에서 유명한 'Iris'[2]라는 데이터셋이 있으니까 그걸 사용해서 많은 실험을 해보면 재미있을 거야. 너도 여기까지 공부해왔으니까 혼자서 실험해볼 수 있을 거야.

2 https://archive.ics.uci.edu/ml/datasets/Iris

Iris라... 고마워. 나중에 찾아서 사용해볼게.

Section 3 분류(퍼셉트론)

Section 3 Step 1 학습 데이터를 확인한다

이번에는 분류 문제를 프로그램으로 구현해보자.

분류는 **퍼셉트론**과 **로지스틱 회귀**라는 두 가지 기법을 공부했지? 먼저 퍼셉트론부터 해볼까?

그래. 둘 다 구현해보고 싶네.

회귀를 구현할 때와 마찬가지로 분류용 데이터를 적당히 준비해봤어. 이걸 사용해봐.

■ **images1.csv**

```
x1,x2,y
153,432,-1
220,262,-1
118,214,-1
474,384,1
485,411,1
233,430,-1
396,361,1
484,349,1
429,259,1
```

```
286,220,1
399,433,-1
403,340,1
252,34,1
497,372,1
379,416,-1
76,163,-1
263,112,1
26,193,-1
61,473,-1
420,253,1
```

분류 문제를 위한 학습 데이터구나. 회귀를 구현할 때처럼 일단은 그래프로 나타내볼까?

그러자. $y=1$인 데이터를 동그라미표로 표현하고 $y=-1$인 데이터를 가위표로 표현해보면 알아보기 쉬울 거야.

해볼게.

■ **파이썬 대화형 실행환경에서 실행(예제 코드 5-3-1)**

```
>>> import numpy as np
>>> import matplotlib.pyplot as plt
>>>
>>> # 학습 데이터를 읽어 들인다
>>> train = np.loadtxt('images1.csv', delimiter=',', skiprows=1)
>>> train_x = train[:,0:2]
>>> train_y = train[:,2]
>>>
>>> # 그래프로 나타낸다
>>> plt.plot(train_x[train_y ==  1, 0], train_x[train_y ==  1, 1], 'o')
>>> plt.plot(train_x[train_y == -1, 0], train_x[train_y == -1, 1], 'x')
>>> plt.axis('scaled')
>>> plt.show()
```

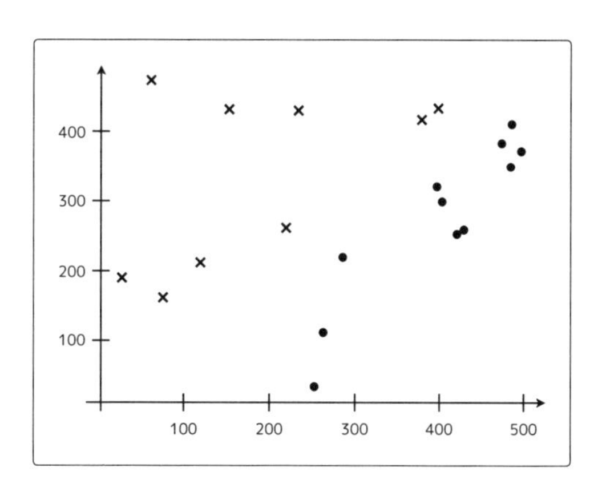

그림 5-7

나왔다. 이런 데이터였구나.

Section 3 Step 2 퍼셉트론을 구현한다

일단은 퍼셉트론의 웨이트를 초기화해서 식 3.3.1에 나온 다음과 같은 식별함수 $f_w(\boldsymbol{x})$를 구현해야겠지?

$$f_{\boldsymbol{w}}(\boldsymbol{x}) = \begin{cases} 1 & (\boldsymbol{w} \cdot \boldsymbol{x} \geq 0) \\ -1 & (\boldsymbol{w} \cdot \boldsymbol{x} < 0) \end{cases} \tag{5.3.1}$$

웨이트를 초기화하고 식별함수를 정의하는 것이군.

■ **파이썬 대화형 실행환경에서 실행(예제 코드 5-3-2)**

```
>>> # 웨이트를 초기화한다
>>> w = np.random.rand(2)
>>>
>>> # 식별함수
```

```
>>> def f(x):
...     if np.dot(w, x) >= 0:
...         return 1
...     else:
...         return -1
...
```

응, 좋았어. 그러고 나서 웨이트의 갱신식, 즉 식 3.3.3에 나온 다음과 같은 식을 구현하면 돼. 참 쉽지?

$$\boldsymbol{w} := \begin{cases} \boldsymbol{w} + y^{(i)}\boldsymbol{x}^{(i)} & (f_{\boldsymbol{w}}(\boldsymbol{x}^{(i)}) \neq y^{(i)}) \\ \boldsymbol{w} & (f_{\boldsymbol{w}}(\boldsymbol{x}^{(i)}) = y^{(i)}) \end{cases} \tag{5.3.2}$$

퍼셉트론은 무엇을 기준으로 학습을 멈춰야 하는 거지? 회귀를 할 때처럼 목적함수가 있는 것도 아니고.

정확도를 보고 멈추는 것이 가장 좋겠지만 일단 모든 데이터를 10회씩 반복하자.

그래!

■ 파이썬 대화형 실행환경에서 실행(예제 코드 5-3-3)

```
>>> # 반복 횟수
>>> epoch = 10
>>>
>>> # 갱신 횟수
>>> count = 0
>>>
>>> # 웨이트를 학습한다
for _ in range(epoch):
    for x, y in zip(train_x, train_y):
        if f(x) != y:
            w = w + y * x

    # 로그를 출력한다
    count += 1
    print('{}회째: w = {}'.format(count, w))
...
```

로그는 다음과 같이 나왔어.

■ **로그**

```
1회째: w = [-152.90496544 -431.57980099]
2회째: w = [ 321.09503456  -47.57980099]
3회째: w = [  88.09503456 -477.57980099]
4회째: w = [ 484.09503456 -156.57980099]
5회째: w = [  85.09503456 -589.57980099]
6회째: w = [ 488.09503456 -289.57980099]
7회째: w = [ 109.09503456 -705.57980099]
8회째: w = [ 372.09503456 -593.57980099]
9회째: w = [ 846.09503456 -209.57980099]
10회째: w = [ 613.09503456 -639.57980099]
```

자, 그럼 직선을 그래프로 나타내서 확인해보자구. 웨이트 벡터를 법선벡터로 하는 직선의 방정식은 내적해서 0이 되는 x의 집합이었지? 그러니까 식을 이항해서 정리하면 최종적으로는 다음과 같은 식이 되고 이 식을 그래프로 나타내면 되는 거야.

$$\boldsymbol{w} \cdot \boldsymbol{x} = w_1 x_1 + w_2 x_2 = 0$$

$$x_2 = -\frac{w_1}{w_2} x_1 \tag{5.3.3}$$

응, 코딩해볼게.

■ **파이썬 대화형 실행환경에서 실행(예제 코드 5-3-4)**

```
>>> x1 = np.arange(0, 500)
>>>
>>> plt.plot(train_x[train_y == 1, 0], train_x[train_y == 1, 1], 'o')
>>> plt.plot(train_x[train_y == -1, 0], train_x[train_y == -1, 1], 'x')
>>> plt.plot(x1, -w[0] / w[1] * x1, linestyle='dashed')
>>> plt.show()
```

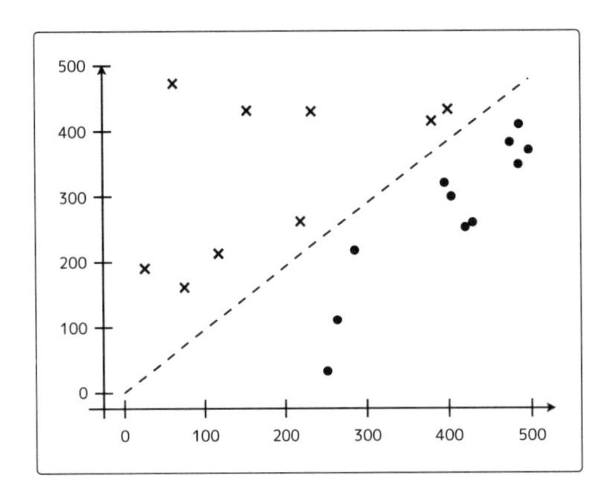

그림 5-8

잘 분류됐네. 이번에는 학습 데이터를 표준화하지 않았잖아. 이렇게 표준화하지 않아도 잘 동작하는구나.

그래. 처음에 얘기했듯이 기본적으로는 표준화하는 편이 바람직하지만 표준화하지 않아도 동작하는 경우도 있어. 이번이 그런 경우였지.

Section 3 | Step 3 | 검증

적당한 크기의 이미지를 분류해볼까?

■ **파이썬 대화형 실행환경에서 실행(예제 코드 5-3-5)**

```
>>> # 200x100인 가로로 긴 이미지
>>> f([200, 100])
1
>>> # 100x200인 세로로 긴 이미지
>>> f([100, 200])
-1
```

결과가 제대로 나왔어!

네가 코딩한 퍼셉트론 프로그램을 다음과 같이 모두 정리해봤어.

■ **예제 파일: classification1_perceptron.py**

```
import numpy as np
import matplotlib.pyplot as plt

# 학습 데이터를 읽어 들인다
train = np.loadtxt('images1.csv', delimiter=',', skiprows=1)
train_x = train[:,0:2]
train_y = train[:,2]

#  웨이트를 초기화한다
w = np.random.rand(2)

# 식별함수
def f(x):
    if np.dot(w, x) >= 0:
        return 1
    else:
        return -1

# 반복할 횟수
epoch = 10

# 갱신할 횟수
count = 0

# 웨이트를 학습한다
for _ in range(epoch):
    for x, y in zip(train_x, train_y):
        if f(x) != y:
            w = w + y * x

            # 로그를 출력한다
            count += 1
            print('{}  : w = {}'.format(count, w))
```

```
# 그래프로 나타내서 확인한다
x1 = np.arange(0, 500)
plt.plot(train_x[train_y ==  1, 0], train_x[train_y ==  1, 1], 'o')
plt.plot(train_x[train_y == -1, 0], train_x[train_y == -1, 1], 'x')
plt.plot(x1, -w[0] / w[1] * x1, linestyle='dashed')
plt.show()
```

지금은 2차원 데이터로 학습해봤지만 학습 데이터와 w의 차원을 늘리면 3차원이나 그 이상의 차원에서도 동일한 방식으로 학습할 수 있단다. 선형분리가능인 문제만 해결할 수 있다는 사실도 같아.

퍼셉트론은 참 쉽구나.

Section 4 분류(로지스틱 회귀)

Section 4 Step 1 학습 데이터를 확인한다

다음은 **로지스틱 회귀**를 해보자! 학습 데이터는 일단 퍼셉트론을 할 때와 같은 것을 사용할 수 있겠지?

x_1과 x_2는 같지만 y를 바꿔야 해. 가로로 긴 것을 1로 정하고 세로로 긴 것을 0으로 정해야 하니까 말이야.

맞아. 그랬었지? 그럼 학습 데이터 y를 고쳐서... 다음과 같이 준비하면 되겠지?

■ images2.csv

```
x1,x2,y
153,432,0
220,262,0
118,214,0
474,384,1
485,411,1
233,430,0
396,361,1
484,349,1
429,259,1
286,220,1
399,433,0
403,340,1
252,34,1
497,372,1
379,416,0
76,163,0
263,112,1
26,193,0
61,473,0
420,253,1
```

Section 4 | Step 2

로지스틱 회귀를 구현한다

그럼 일단은 매개변수를 초기화하고 학습 데이터를 표준화해두자구. x_1과 x_2를 각각 표준화해야 해. 그리고 x_0열을 추가하는 것도 잊으면 안돼.

알았어. 표준화는 x_1과 x_2 각각의 평균과 표준편차를 구하면 되니까... 다음과 같이 구현하면 되겠지?

■ 파이썬 대화형 실행환경에서 실행(예제 코드 5-4-1)

```
>>> import numpy as np
>>> import matplotlib.pyplot as plt
>>>
```

```
>>> # 학습 데이터를 읽어 들인다
>>> train = np.loadtxt('images2.csv', delimiter=',', skiprows=1)
>>> train_x = train[:,0:2]
>>> train_y = train[:,2]
>>>
>>> # 매개변수를 초기화한다
>>> theta = np.random.rand(3)
>>>
>>> # 표준화한다
>>> mu = train_x.mean(axis=0)
>>> sigma = train_x.std(axis=0)
>>> def standardize(x):
...     return (x - mu) / sigma
...
>>> train_z = standardize(train_x)
>>>
>>> # x0을 추가한다
>>> def to_matrix(x):
...     x0 = np.ones([x.shape[0], 1])
...     return np.hstack([x0, x])
...
>>> X = to_matrix(train_z)
>>>
>>> # 표준화한 학습 데이터를 그래프로 나타낸다
>>> plt.plot(train_z[train_y == 1, 0], train_z[train_y == 1, 1], 'o')
>>> plt.plot(train_z[train_y == 0, 0], train_z[train_y == 0, 1], 'x')
>>> plt.show()
```

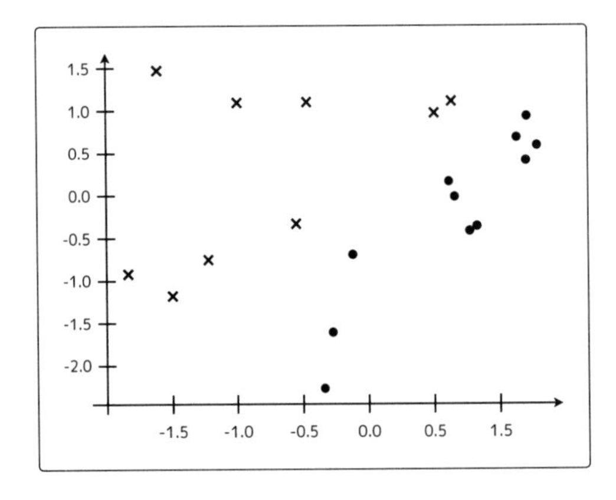

그림 5-9

축의 스케일이 변한 것을 보니 제대로 표준화된 것 같아.

다음은 예측함수를 구현하자. 식 3.5.2에 나온 시그모이드 함수는 기억하고 있지?

$$f_{\boldsymbol{\theta}}(\boldsymbol{x}) = \frac{1}{1 + \exp(-\boldsymbol{\theta}^{\mathrm{T}}\boldsymbol{x})} \tag{5.4.1}$$

물론이지. 코딩은 이렇게 하면 되겠지?

■ **파이썬 대화형 실행환경에서 실행(예제 코드 5-4-2)**

```
>>> # 시그모이드 함수
>>> def f(x):
...     return 1 / (1 + np.exp(-np.dot(x, theta)))
...
```

이것으로 준비는 끝났어. 이제는 매개변수를 갱신하는 부분을 구현해보자구. 로지스틱 회귀에서는 우도함수를 정의하기도 하고 대수우도함수를 미분하기도 하고 다양한 작업을 해봤는데 최종적인 매개변수 갱신식은 식 3.7.18에 나온 다음과 같은 식이지.

$$\theta_j := \theta_j - \eta \sum_{i=1}^{n} \left(f_{\boldsymbol{\theta}}(\boldsymbol{x}^{(i)}) - y^{(i)} \right) x_j^{(i)} \tag{5.4.2}$$

회귀를 할 때처럼 $f_\theta(\boldsymbol{x}^{(i)}) - y^{(i)}$를 벡터로 간주해서 학습 데이터 '행렬 곱'하면 될까?

맞아. 반복 횟수는 조금 많게 설정하자. 5,000회 정도로 하자구. 실제로는 학습해가면서 정확도를 확인하고 얼마나 반복해야 할지를 시행착오를 거치면서 정하는 게 좋아.

좋았어. 그럼 구현해볼게.

■ **파이썬 대화형 실행환경에서 실행(예제 코드 5-4-3)**

```
>>> # 학습률
>>> ETA = 1e-3
>>>
>>> # 반복할 횟수
>>> epoch = 5000
>>>
>>> # 학습을 반복한다
>>> for _ in range(epoch):
...     theta = theta - ETA * np.dot(f(X) - train_y, X)
...
```

잘 될 것 같아.

그럼 결과를 그래프로 나타내서 확인해볼까? 로지스틱 회귀에서는 $\theta^{\mathrm{T}}x=0$이라는 직선이 결정경계가 된다고 말했지?

$\boldsymbol{\theta}^{\mathrm{T}}\boldsymbol{x} \geq 0$일 때 가로로 길고 $\boldsymbol{\theta}^{\mathrm{T}}\boldsymbol{x} < 0$일 때 세로로 길다는 말이지?

맞아. $\boldsymbol{\theta}^{\mathrm{T}}\boldsymbol{x}=0$을 변형해서 정리하면 다음과 같은 식이 되지? 이걸 그래프로 나타내면 되는 거야.

$$\begin{aligned}
\boldsymbol{\theta}^{\mathrm{T}}\boldsymbol{x} &= \theta_0 x_0 + \theta_1 x_1 + \theta_2 x_2 \\
&= \theta_0 + \theta_1 x_1 + \theta_2 x_2 = 0 \\
x_2 &= -\frac{\theta_0 + \theta_1 x_1}{\theta_2}
\end{aligned} \tag{5.4.3}$$

퍼셉트론을 할 때처럼 말이지?

■ 파이썬 대화형 실행환경에서 실행(예제 코드 5-4-4)

```
>>> x1 = np.linspace(-2, 2, 100)
>>>
>>> plt.plot(train_z[train_y == 1, 0], train_z[train_y == 1, 1], 'o')
>>> plt.plot(train_z[train_y == 0, 0], train_z[train_y == 0, 1], 'x')
>>> plt.plot(x1, -(theta[0] + theta[1] * x1) / theta[2], linestyle='dashed')
>>> plt.show()
```

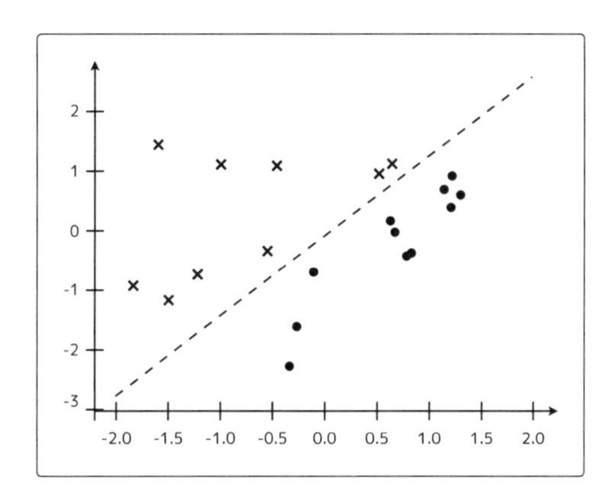

그림 5-10

로지스틱 회귀로도 잘 분류되는구나!

Section 4 | Step 3 | 검증

시험 삼아 적당한 이미지를 분류해 봐. 예측 데이터를 표준화하는 것을 잊지 말고.

해볼게.

■ 파이썬 대화형 실행환경에서 실행(예제 코드 5-4-5)

```
>>> f(to_matrix(standardize([
...     [200,100], # 200x100인 가로로 긴 이미지
...     [100,200]  # 100x200인 세로로 긴 이미지
... ])))
array([ 0.91740319,  0.02955752])
```

아...응?

$f_\theta(x)$가 반환하는 값은 x가 가로로 길 확률이었잖아.

아, 그랬지? 그러니까 첫 번째 것인 200x100인 이미지에 대응되는 0.91740319라는 값은 가로로 길 확률이 91.7%라는 얘기고 100x200에 대응되는 0.02955752라는 값은 가로로 길 확률이 2.9%라는 얘기구나.

바로 그거야. 확률값을 쳐다보기만 해봤자 잘 알 수 없을 테니까 반올림해서 1이나 0을 반환하도록 함수를 정의하는 게 좋아.

아, 그래. 다음과 같이 구현하면 될까?

■ 파이썬 대화형 실행환경에서 실행(예제 코드 5-4-6)

```
>>> def classify(x):
...     return (f(x) >= 0.5).astype(np.int)
...
>>> classify(to_matrix(standardize([
...     [200,100], # 200x100인 가로로 긴 이미지
...     [100,200]  # 100x200인 세로로 긴 이미지
... ])))
array([1, 0])
```

이렇게 한 것이 더 알아보기 쉽구나. 200x100이 가로로 긴 것으로 분류되고 100x200이 세로로 긴 것으로 분류된다는 거지?

이번에도 네가 작성한 프로그램을 정리해보자.

■ **예제 파일: classification2_logistic_regression.py**

```
import numpy as np
import matplotlib.pyplot as plt

# 학습 데이터를 읽어 들인다
train = np.loadtxt('images2.csv', delimiter=',', skiprows=1)
train_x = train[:,0:2]
train_y = train[:,2]

# 매개변수를 초기화한다
theta = np.random.rand(3)

# 표준화한다
mu = train_x.mean(axis=0)
sigma = train_x.std(axis=0)
def standardize(x):
    return (x - mu) / sigma

train_z = standardize(train_x)

# x0를 추가한다
def to_matrix(x):
    x0 = np.ones([x.shape[0], 1])
    return np.hstack([x0, x])

X = to_matrix(train_z)

# 시그모이드 함수
def f(x):
    return 1 / (1 + np.exp(-np.dot(x, theta)))

# 분류함수
def classify(x):
    return (f(x) >= 0.5).astype(np.int)

# 학습률
ETA = 1e-3

```

```
# 반복할 횟수
epoch = 5000

# 갱신할 횟수
count = 0

# 학습을 반복한다
for _ in range(epoch):
    theta = theta - ETA * np.dot(f(X) - train_y, X)

    # 로그를 출력한다
    count += 1
    print('{}회째: theta = {}'.format(count, theta))

# 그래프로 나타내서 확인한다
x0 = np.linspace(-2, 2, 100)
plt.plot(train_z[train_y == 1, 0], train_z[train_y == 1, 1], 'o')
plt.plot(train_z[train_y == 0, 0], train_z[train_y == 0, 1], 'x')
plt.plot(x0, -(theta[0] + theta[1] * x0) / theta[2], linestyle='dashed')
plt.show()
```

Section 4 | Step 4 | 선형분리불가능인 분류를 구현한다

선형분리불가능인 문제에 적용하는 것도 해볼까?

응. 할 거야!

그럼 이번에는 다음과 같은 데이터를 사용해서 해보자구.

■ data3.csv

```
x1,x2,y
0.54508775,2.34541183,0
0.32769134,13.43066561,0
4.42748117,14.74150395,0
2.98189041,-1.81818172,1
4.02286274,8.90695686,1
2.26722613,-6.61287392,1
-2.66447221,5.05453871,1
-1.03482441,-1.95643469,1
4.06331548,1.70892541,1
2.89053966,6.07174283,0
2.26929206,10.59789814,0
4.68096051,13.01153161,1
1.27884366,-9.83826738,1
-0.1485496,12.99605136,0
-0.65113893,10.59417745,0
3.69145079,3.25209182,1
-0.63429623,11.6135625,0
0.17589959,5.84139826,0
0.98204409,-9.41271559,1
-0.11094911,6.27900499,0
```

우웅. 지금까지 했던 것과 달리 이 데이터는 뭐가 뭔지 모르겠어. 일단 이론에 맞춰 그래프로 나타내 볼게.

■ **파이썬 대화형 실행환경에서 실행(예제 코드 5-4-7)**

```
>>> import numpy as np
>>> import matplotlib.pyplot as plt
>>>
>>> # 학습 데이터를 읽어 들인다
>>> train = np.loadtxt('data3.csv', delimiter=',', skiprows=1)
>>> train_x = train[:,0:2]
>>> train_y = train[:,2]
>>>
>>> plt.plot(train_x[train_y == 1, 0], train_x[train_y == 1, 1], 'o')
>>> plt.plot(train_x[train_y == 0, 0], train_x[train_y == 0, 1], 'x')
>>> plt.show()
```

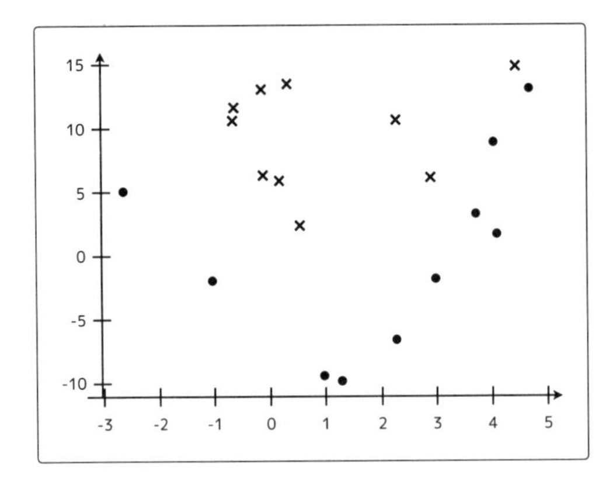

그림 5-11

이 데이터는 직선 하나만으로는 분류할 수 없을 것 같은데... 2차함수를 적용해야 할까?

그래. 학습 데이터에 y_1^2 를 추가해보면 제대로 분류될 거야.

그렇다면 매개변수 θ_3이 추가돼서 모두 네 개가 된다는 거지?

■ **파이썬 대화형 실행환경에서 실행(예제 코드 5-4-8)**

```
>>> # 매개변수를 초기화한다
>>> theta = np.random.rand(4)
...
>>> # 표준화
>>> mu = train_x.mean(axis=0)
>>> sigma = train_x.std(axis=0)
>>> def standardize(x):
...     return (x - mu) / sigma
...
>>> train_z = standardize(train_x)
>>>
>>> # x0과 x3을 추가한다
>>> def to_matrix(x):
...     x0 = np.ones([x.shape[0], 1])
...     x3 = x[:,0,np.newaxis] ** 2
```

```
...     return np.hstack([x0, x, x3])
...
>>> X = to_matrix(train_z)
```

맞아. 시그모이드 함수와 학습하는 부분은 이전에 했던 것과 동일하게 하면 되니까 그대로 실행해도 돼.

똑같이 하면 된다는 얘기지?

■ **파이썬 대화형 실행환경에서 실행(예제 코드 5-4-9)**

```
>>> # 시그모이드 함수
>>> def f(x):
...     return 1 / (1 + np.exp(-np.dot(x, theta)))
...
>>> # 학습률
>>> ETA = 1e-3
>>>
>>> # 반복할 횟수
>>> epoch = 5000
>>>
>>> # 학습을 반복한다
>>> for _ in range(epoch):
...     theta = theta - ETA * np.dot(f(X) - train_y, X)
...
```

오류도 없고 잘 동작할 것 같아. 그럼 결과를 그래프로 나타내려면 어떻게 해야 하지?

매개변수가 네 개가 된 $\boldsymbol{\theta}^{\mathrm{T}}\boldsymbol{x}=0$은 다음과 같이 변형할 수 있으니까 이걸 그래프로 나타내면 돼.

$$\begin{aligned}\boldsymbol{\theta}^{\mathrm{T}}\boldsymbol{x} &= \theta_0 x_0 + \theta_1 x_1 + \theta_2 x_2 + \theta_3 x_1^2 \\ &= \theta_0 + \theta_1 x_1 + \theta_2 x_2 + \theta_3 x_1^2 = 0 \\ x_2 &= -\frac{\theta_0 + \theta_1 x_1 + \theta_3 x_1^2}{\theta_2}\end{aligned} \tag{5.4.4}$$

아, 그렇구나. 내가 식을 도출해보려고 했는데...!

■ **파이썬 대화형 실행환경에서 실행(예제 코드 5-4-10)**

```
>>> x1 = np.linspace(-2, 2, 100)
>>> x2 = -(theta[0] + theta[1] * x1 + theta[3] * x1 ** 2) / theta[2]
>>>
>>> plt.plot(train_z[train_y == 1, 0], train_z[train_y == 1, 1], 'o')
>>> plt.plot(train_z[train_y == 0, 0], train_z[train_y == 0, 1], 'x')
>>> plt.plot(x1, x2, linestyle='dashed')
>>> plt.show()
```

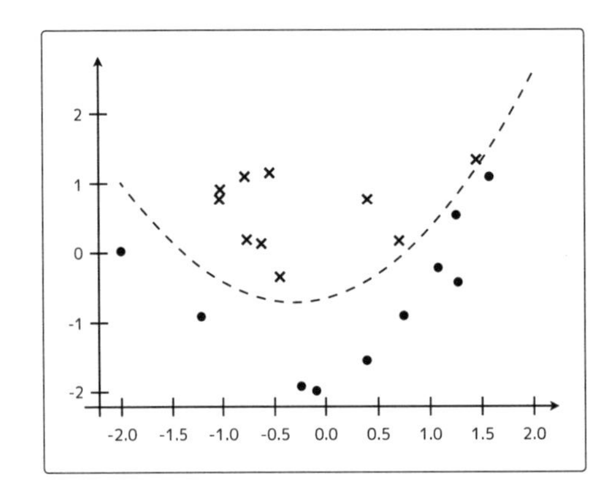

그림 5-12

오오, 훌륭해! **결정경계**가 곡선으로 나왔어

회귀를 할 때처럼 반복할 횟수를 가로축으로 정하고 정확도를 세로축으로 정해서 그래프로 나타내보면 이번에는 **정확도**가 높아진 모습을 볼 수 있을 거야.

정확도는 식 4.2.2에서 본 다음과 같은 것이지?

$$Accuracy = \frac{\mathrm{TP} + \mathrm{TN}}{\mathrm{TP} + \mathrm{FP} + \mathrm{FN} + \mathrm{TN}} \tag{5.4.5}$$

그래. 그거야. 제대로 분류된 데이터의 개수를 전체의 개수로 나눈 것이지.

좋았어. 확인해봐야지.

■ **파이썬 대화형 실행환경에서 실행(예제 코드 5-4-11)**

```
>>> # 매개변수를 초기화한다
>>> theta = np.random.rand(4)
>>>
>>> # 정확도의 히스토리
>>> accuracies = []
>>>
>>> # 학습을 반복한다
>>> for _ in range(epoch):
...     theta = theta - ETA * np.dot(f(X) - train_y, X)
...     # 현재의 정확도를 계산한다
...     result = classify(X) == train_y
...     accuracy = len(result[result == True]) / len(result)
...     accuracies.append(accuracy)
...
>>> # 정확도를 그래프로 나타낸다
>>> x = np.arange(len(accuracies))
>>>
>>> plt.plot(x, accuracies)
>>> plt.show()
```

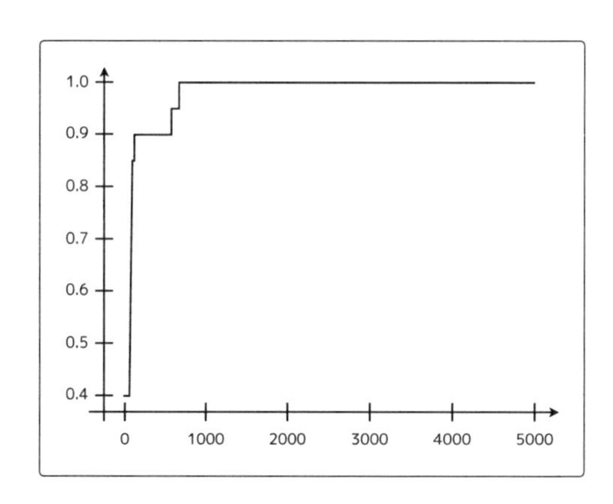

그림 5-13

횟수를 거듭할수록 정확도가 높아졌어. 그런데 그래프가 각이 졌는데?

학습 데이터가 20개밖에 없기 때문에 그런 거야. 0.05 단위의 값밖에 참조할 수 없기 때문에 정확도가 각이 진 그래프를 그리는 거야.

그렇구나. 잘 생각해보니 정말 그런 것 같아.

그리고 이 그림을 보면 5,000회를 반복하기 전에 이미 정확도가 1.0이 돼 있다는 것을 알 수 있잖아. 내가 아무 생각없이 그냥 5,000회 반복하자고 말했지만 이렇게 학습 루프 때마다 정확도를 계산해서 충분히 학습됐을 때 멈추는 방법도 있어.

그래서 아까 정확도를 보고 멈춘다고 말했던 것이구나.

Section 4 | Step 5 | 확률 경사하강법을 구현한다

회귀를 할 때처럼 **확률 경사하강법**도 구현해볼까?

응. 해볼래. 이것은 학습하는 부분을 조금 고치기만 하면 될 것 같은데.

■ 파이썬 대화형 실행환경에서 실행(예제 코드 5-4-12)

```
>>> # 매개변수를 초기화한다
>>> theta = np.random.rand(4)
>>>
>>> # 학습을 반복한다
>>> for _ in range(epoch):
...     # 확률 경사하강법을 통해 매개변수를 갱신한다
...     p = np.random.permutation(X.shape[0])
```

```
...     for x, y in zip(X[p,:], train_y[p]):
...         theta = theta - ETA * (f(x) - y) * x
```

응. 잘 했어.

그래프를 그려서 확인해보자.

■ **파이썬 대화형 실행환경에서 실행(예제 코드 5-4-13)**

```
>>> x1 = np.linspace(-2, 2, 100)
>>> x2 = -(theta[0] + theta[1] * x1 + theta[3] * x1 ** 2) / theta[2]
>>>
>>> plt.plot(train_z[train_y == 1, 0], train_z[train_y == 1, 1], 'o')
>>> plt.plot(train_z[train_y == 0, 0], train_z[train_y == 0, 1], 'x')
>>> plt.plot(x1, x2, linestyle='dashed')
>>> plt.show()
```

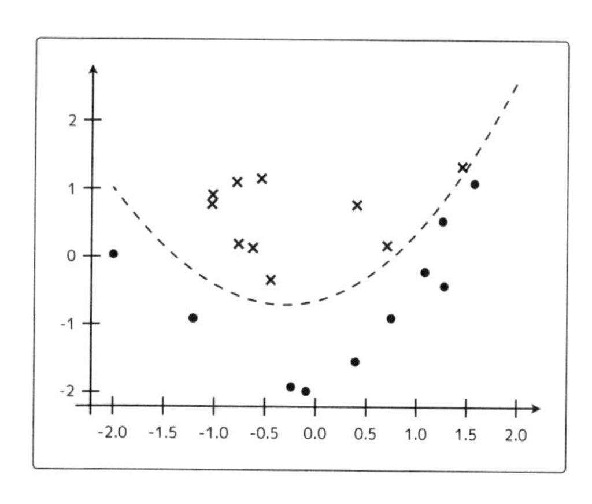

그림 5-14

제대로 분류됐어!

이제 네가 분류도 모두 이해한 것 같네. Iris는 분류에도 사용할 수 있으니까 여러 가지로 실험해보면 좋아.

Section 5 정칙화

Section 5 Step 1 학습 데이터를 확인한다

아, 맞다! 정칙화도 구현해보고 싶어.

그래. 정칙화의 효과도 확인하는 것이 좋겠어.

응. 아마도 학습하는 부분을 조금 고치기만 하면 될 것 같은데 정말로 그렇니?

음... 하지만 단지 정칙화를 적용하기만 할 것이 아니고 과잉적합됐을 때의 그래프의 상태와 정칙화를 적용했을 때의 그래프의 상태를 비교해보고 정칙화가 어떤 영향을 주는지를 구체적으로 이해할 수 있게 되면 좋을 것 같아.

그럼 일단은 의도적으로 과잉적합 상태를 만들면 되지? 자... 학습 데이터의 개수를 줄이고 차수를 높이면 되는 것이었지?

기본적으로는 맞아. 정칙화를 가시화할 수 있도록 내가 시행착오해봤으니까 내가 쓰면서 설명해도 되겠니?

아, 그래? 물론 설명해도 되지. 고마워.

일단 다음과 같은 함수를 생각해보자구.

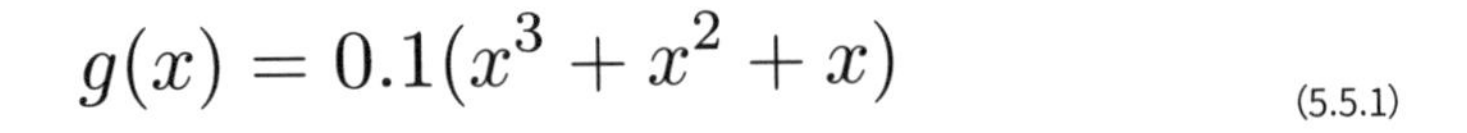

$$g(x) = 0.1(x^3 + x^2 + x) \tag{5.5.1}$$

이 $g(x)$에 약간의 노이즈를 첨가한 학습 데이터를 만들어서 그래프로 나타내 볼게.

■ 파이썬 대화형 실행환경에서 실행(예제 코드 5-5-1)

```
>>> import numpy as np
>>> import matplotlib.pyplot as plt
>>>
>>> # 진짜 함수
>>> def g(x):
...     return 0.1 * (x ** 3 + x ** 2 + x)
...
>>> # 진짜 함수에 노이즈를 첨가한 학습 데이터를 적당한 개수만큼 준비한다
>>> train_x = np.linspace(-2, 2, 8)
>>> train_y = g(train_x) + np.random.randn(train_x.size) * 0.05
>>>
>>> # 그래프를 그려서 확인한다
>>> x = np.linspace(-2, 2, 100)
>>> plt.plot(train_x, train_y, 'o')
>>> plt.plot(x, g(x), linestyle='dashed')
>>> plt.ylim(-1, 2)
>>> plt.show()
```

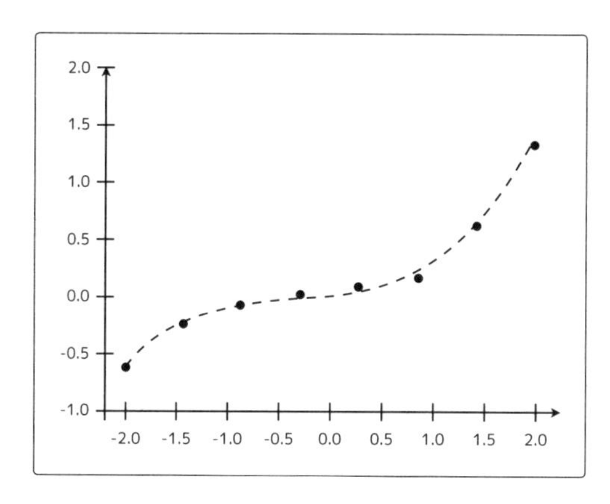

그림 5-15

점선이 진짜 $g(x)$를 그린 그래프이고 둥근 점은 약간 노이즈가 첨가된 학습 데이터야.

그렇구나.

이 학습 데이터를 말야, 예를 들면 10차 다항식으로 학습해보자. 일단 학습 데이터의 행렬을 만들고 예측함수를 정의하는 부분까지 내가 코딩해볼게.

■ 파이썬 대화형 실행환경 실행(예제 코드 5-5-2)

```
>>> # 표준화한다
>>> mu = train_x.mean()
>>> sigma = train_x.std()
>>> def standardize(x):
...     return (x - mu) / sigma
...
>>> train_z = standardize(train_x)
>>>
>>> # 학습 데이터의 행렬을 만든다
>>> def to_matrix(x):
...     return np.vstack([
...         np.ones(x.size),
...         x,
...         x ** 2,
...         x ** 3,
...         x ** 4,
...         x ** 5,
...         x ** 6,
...         x ** 7,
...         x ** 8,
...         x ** 9,
...         x ** 10,
...     ]).T
...
>>> X = to_matrix(train_z)
>>>
>>> # 매개변수를 초기화한다
>>> theta = np.random.randn(X.shape[1])
>>>
>>> # 예측함수
>>> def f(x):
...     return np.dot(x, theta)
...
```

여기까지는 알겠지?

응. 알겠어. 10차 다항식이라... 겁나네. 매개변수의 개수는 θ_0까지 포함해서 11개구나.

| Section 5 | Step 2 |

정칙화를 적용하지 않고 구현한다

그럼 학습해보자. 일단은 정칙화를 적용하지 않은 상태를 구현해보자구. η의 값과 학습을 멈추는 조건은 내가 미리 시행착오하면서 정한 거야.

■ **파이썬 대화형 실행환경 실행(예제 코드 5-5-3)**

```
>>> # 목적함수
>>> def E(x, y):
...     return 0.5 * np.sum((y - f(x)) ** 2)
...
>>> # 학습률
>>> ETA = 1e-4
>>>
>>> # 오차
>>> diff = 1
>>>
>>> # 학습을 반복한다
>>> error = E(X, train_y)
>>> while diff > 1e-6:
...     theta = theta - ETA * np.dot(f (X) - train_y, X)
...     current_error = E(X, train_y)
...     diff = error - current_error
...     error = current_error
...
>>> # 결과를 그래프로 나타낸다
>>> z = standardize(x)
>>> plt.plot(train_z, train_y, 'o')
>>> plt.plot(z, f(to_matrix(z)))
>>> plt.show()
```

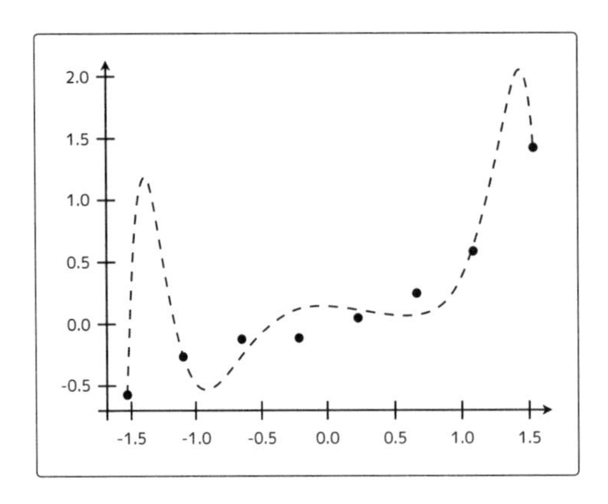

그림 5-16

이상한 모양의 그래프가 나타났어...[3]

이것이 과잉적합이 발생한 상태야. 매개변수의 초깃값을 난수로 결정했기 때문에 이 그래프의 모양은 실행할 때마다 변하는데 이 그림을 보면 알 수 있듯이 $g(x)$와는 전혀 달라.

정칙화를 적용하면 이 그래프가 정상으로 그려지는 것이지?

Section 5 | Step 3 | 정칙화를 적용해서 구현한다

그럼 다음은 정칙화를 적용한 상태로 학습해보자. λ값도 내가 미리 시행착오를 통해서 정한 거야.

■ 파이썬 대화형 실행환경 실행(예제 코드 5-5-4)

```
>>> # 정칙화되지 않은 매개변수를 저장해서 매개변수를 다시 초기화한다
>>> theta1 = theta
>>> theta = np.random.randn(X.shape[1])
>>>
```

3 그림 5-16에서 그림 5-18까지는 책에 나온 그림과 실제로 실행했을 때 나온 결과가 완전히 동일한 모양이 아닐 수 있습니다. 그리고 실행할 때마다 모양이 변합니다.

```
>>> # 정칙화 상수
>>> LAMBDA = 1
>>>
>>> # 오차
>>> diff = 1
>>>
>>> # 학습을 반복한다(정칙화항 추가)
>>> error = E(X, train_y)
>>> while diff > 1e-6:
...     # 정칙화항. 바이어스항은 정칙화를 적용하지 않으므로 0으로 설정한다
...     reg_term = LAMBDA * np.hstack([0, theta[1:]])
...     # 정칙화항을 적용해서 매개변수를 갱신한다
...     theta = theta - ETA * (np.dot(f(X) - train_y, X) + reg_term)
...     current_error = E(X, train_y)
...     diff = error - current_error
...     error = current_error
...
>>> # 결과를 그래프로 나타낸다
>>> plt.plot(train_z, train_y, 'o')
>>> plt.plot(z, f(to_matrix(z)))
>>> plt.show()
```

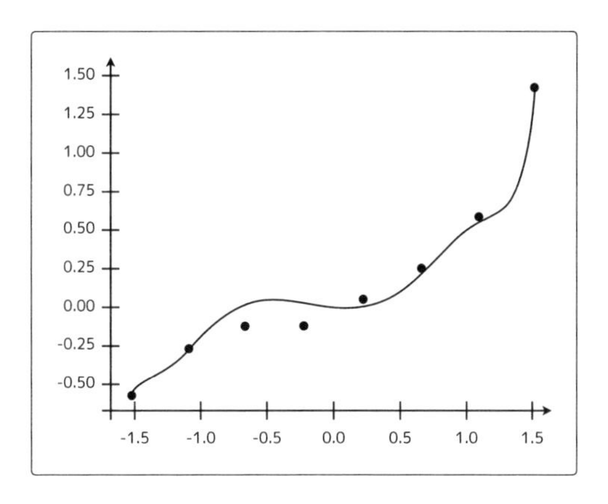

그림 5-17

대단해. 학습 데이터가 이전보다 많이 맞았어.

비교하기 위해 정칙화를 적용한 것과 적용하지 않은 것을 동일한 그래프 상에 나타내볼게. 점선이 정칙화하지 않은 것이고 실선이 정칙화한 것이야.

■ 파이썬 대화형 실행환경에서 실행(예제 코드 5-5-5)

```
>>> # 정칙화된 매개변수를 저장
>>> theta2 = theta
>>>
>>> plt.plot(train_z, train_y, 'o')
>>>
>>> # 정칙화하지 않은 것의 결과를 그래프로 나타낸다
>>> theta = theta1
>>> plt.plot(z, f(to_matrix(z)), linestyle='dashed')
>>>
>>> # 정칙화한 것의 결과를 그래프로 나타낸다
>>> theta = theta2
>>> plt.plot(z, f(to_matrix(z)))
>>>
>>> plt.show()
```

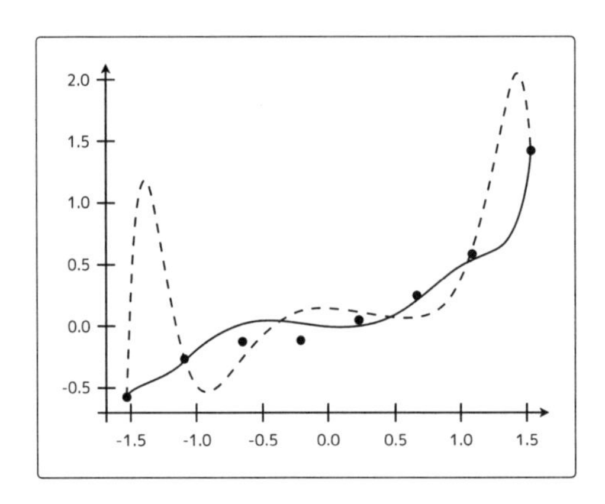

그림 5-18

정칙화의 덕을 톡톡히 봤네!

이것이 정칙화의 실제 효과야. 이 개념을 이제 이해하겠지?

응. 확실히 알았어. 실제로 동작시켜서 확인하니까 알기 쉽네.

그렇지? 백문이 불여일견이야.

이렇게 해서 모든 구현이 끝났구나. 구현 작업이 의외로 쉬웠고 확실하게 이해할 수 있어서 다행이야! 오늘 정말 고마웠어.

Section 6 후일담

요즘 어떻게 지내니?

네가 많이 가르쳐 준 덕분에 머신러닝 공부를 참 잘 할 수 있었어. 데이터를 가지고 매개변수를 갱신해간다는 개념을 확실히 잡은 것 같아. 이제는 새로운 기법을 설명한 책을 읽을 때도 내용이 머릿속에 술술 들어오는 느낌이야.

잘 됐네. 나도 가르친 보람이 느껴지는구나.

요즘 알게 된 건데 말야, 경사하강법에는 아류가 여러 개 있다고 하네. 모멘텀법, Adagrad, Adadelta, Adam 등등이 있다고 하던데. 그래서 지금 각각이 매개변수를 어떻게 최적화해가는지를 공부하고 있어.

그래, 최적화 기법에도 여러 종류가 있지.

그리고 말야, 너한테서 선형회귀, 퍼셉트론, 로지스틱 회귀를 배웠잖아. 지금은 그 밖의 알고리즘을 공부하고 있거든. 알아보니까 랜덤 포레스트, 서포트 벡터 머신, 나이브 베이즈 등등 정말로 많은 기법들이 있더라구.
이런 알고리즘을 생각해 낸 사람들은 정말 대단한 것 같아.

너 완전히 공부를 즐기고 있구나!

응, 정말 재밌어. 지식을 배우는 건 참 즐거운 일이야. 사실은 회사에서도 머신러닝을 적용한 프로그램을 만들고 있어.

오오, 무슨 프로그램인데?

우리 회사에서 제공하는 서비스인데 성적인 표현이나 폭력적인 표현, 욕설 등등 바람직하지 않은 게시물을 전부 사람의 힘으로 검열하고 있었거든. 그런데 그런 게시물이 꽤 많아서 말야. 머신러닝을 사용해서 게시물의 문장이 어느 수준으로 바람직하지 않은지의 확률을 구해서 그 확률이 높은 순서로 나열해서 검열 작업을 돕는 거야.

대단한데. 직원들이 그 도구를 잘 사용하고 있니?

지금 단계에서는 잘 사용하고 있어. 직장 상사와 관련 부서에서도 고맙다고 하더라구.

이제는 어엿한 머신러닝 엔지니어가 됐구나. 너에게 가르쳐 준 선생님에게 뭔가 보답해야 하는 거 아니니?

그렇지! 지금 디저트 먹으러 가자. 내가 쏠게.

나쁘지 않은 제안이야. 받아들이겠어.

Appendix

부록

Section 1
시그마 기호, 파이 기호

Section 2
미분

Section 3
편미분

Section 4
합성함수

Section 5
벡터와 행렬

Section 6
기하벡터

Section 7
지수, 대수

Section 8
파이썬 환경 구축

Section 9
파이썬 기초

Section 10
NumPy 기초

Section 1 시그마 기호, 파이 기호

덧셈을 나타낼 때는 시그마(Σ) 기호가 편리합니다. 예를 들어, 다음과 같은 덧셈을 생각해 보겠습니다.

$$1 + 2 + 3 + 4 + \cdots + 99 + 100 \tag{A.1.1}$$

이것은 1부터 100까지의 단순한 덧셈입니다. 100까지의 숫자를 모두 쓰기 힘들기 때문에 도중에 생략해서 표현했습니다. 이를 시그마 기호를 사용해 다음과 같이 간단히 표현할 수 있습니다.

$$\sum_{i=1}^{100} i \tag{A.1.2}$$

$i=1$에서 시작해서 100에 도달할 때까지 수를 더하는 식입니다. 여기서는 명시적으로 100까지라고 지정했지만 몇까지 더해야 할지 모를 때는 n을 사용해 다음과 같이 나타낼 수 있습니다.

$$\sum_{i=1}^{n} i \tag{A.1.3}$$

이전 장(2장 식 2.3.2)에 위와 같은 식이 나왔는데 여기서도 n이 사용됐습니다. 이것은 학습 데이터가 10개일 수도 있고 20개일 수도 있어서 얼마까지라고 말할 수 없기 때문에 일단 n이라는 문자로 나타낸 것입니다. 이처럼 몇 개의 수를 더해야 할지 구체적으로 알 수 없는 경우에도 Σ로 간단히 표현할 수 있습니다.

이미 알고 있겠지만 본문에 있는 식을 Σ를 사용하지 않고 나타내면 다음과 같은 식이 됩니다.

$$\begin{aligned} E(\theta) &= \frac{1}{2}\sum_{i=1}^{n}\left(y^{(i)} - f_\theta(x^{(i)})\right)^2 \\ &= \frac{1}{2}\left(\left(y^{(1)} - f_\theta(x^{(1)})\right)^2 + \left(y^{(2)} - f_\theta(x^{(2)})\right)^2 + \cdots + \left(y^{(n)} - f_\theta(x^{(n)})\right)^2\right) \end{aligned} \tag{A.1.4}$$

그리고 집합에서도 이 시그마 기호를 사용할 때가 있습니다. 예를 들면 다음과 같은 짝수 집합이 있다고 가정하겠습니다.

$$G = \{2, 4, 6, 8, 10\} \tag{A.1.5}$$

이 집합 G에 포함된 요소를 모두 더하려면 다음과 같이 씁니다.

$$\sum_{g \in G} g \tag{A.1.6}$$

이것은 2+4+6+8+10이라는 의미입니다. 처음에 나온 예와는 달리 시작과 끝이 지정돼 있지 않지만 위와 같이 집합에 관해 시그마 기호를 사용할 때도 있으므로 알아두면 좋습니다.

그리고 곱셈을 나타낼 때 편리한 기호로는 Π(파이)가 있습니다. 파이는 모든 것을 곱한다는 기호입니다. 다음과 같은 곱셈을 생각해보겠습니다.

$$1 \cdot 2 \cdot 3 \cdot 4 \cdots 99 \cdot 100 \tag{A.1.7}$$

이것은 파이 기호를 사용해서 다음과 같이 쓸 수 있습니다.

$$\prod_{i=1}^{100} i \tag{A.1.8}$$

시그마와 마찬가지로 몇 개를 곱해야 할지 모를 때는 n을 사용할 수 있습니다.

$$\prod_{i=1}^{n} i \tag{A.1.9}$$

Section 2 미분

머신러닝에서 다루는 최적화 문제를 풀기 위한 몇 가지 방법이 있는데 그중 하나가 미분입니다. 미분은 머신러닝뿐 아니라 다양한 곳에 응용되고 있어 매우 중요한 개념입니다. 반드시 이 미분을 공부하기 바랍니다. 이번 절에서는 미분에 관한 기초적인 내용에 관해 조금 설명하겠습니다.

미분을 사용하면 함수에 있는 어떤 점에서의 기울기를 알아보거나 순간적인 변화량을 구할 수 있습니다. 그냥 말로 설명하면 개념을 이해하기 어려우므로 구체적인 예를 들어 이야기하겠습니다. 예를 들어, 자동차를 타고 거리를 달리는 모습을 상상해보기 바랍니다. 가로축을 경과시간이라고 하고 세로축을 주행거리라고 하면 이들의 관계는 다음과 같이 그래프로 나타낼 수 있을 것입니다.

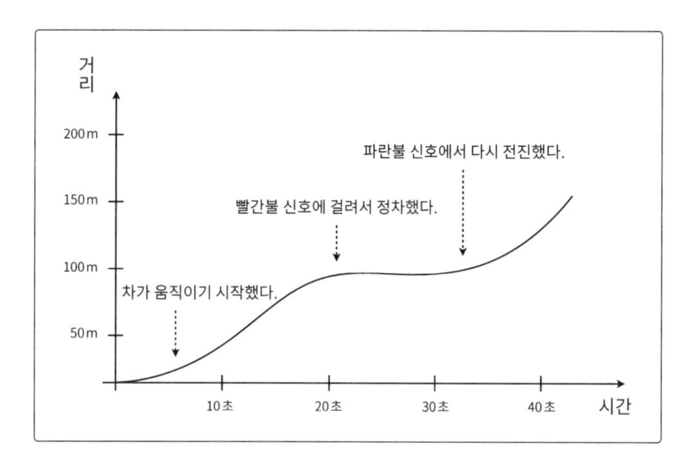

그림 A-1

이 그래프를 보면 40초에서 120m 정도 주행했으므로 그 동안에 어느 정도의 속도로 달렸는지는 다음과 같은 식을 통해 금방 알 수 있습니다.

$$\frac{120m}{40s} = 3m/s \tag{A.2.1}$$

그러나 이것은 평균속도이며 항상 $3m/s$의 속도로 주행한 것은 아닙니다. 그래프를 보면 알 수 있지만 차가 움직이기 시작했을 때는 느린 속도로 주행했고 신호에 걸려 정지했을 때는 속도가 0이었습니다. 이처럼 일반적으로 어떤 시점에서의 그 순간의 속도는 각각 다른 값입니다.

앞서 40초간의 속도를 계산했는데 이런 **'순간의 변화량'**을 구하기 위해서 점점 간격을 좁혀 보겠습니다. 그림 A-2처럼 10초부터 20초 사이에 주목해보면 이 사이에서는 약 60m 정도 주행했으므로 다음과 같이 속도를 구할 수 있습니다.

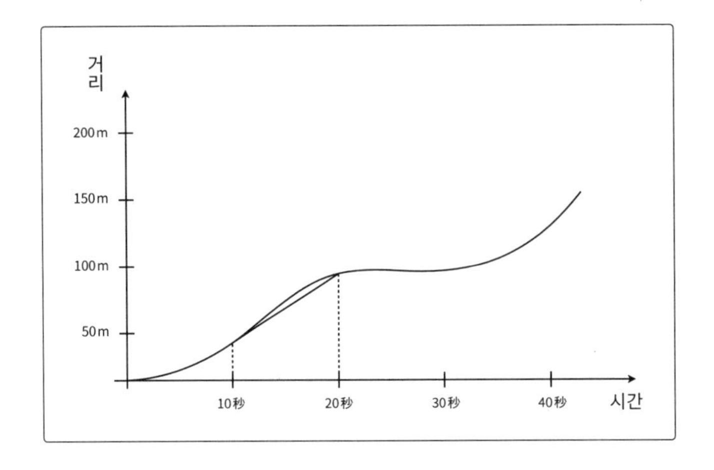

그림 A-2

$$\frac{60m}{10s} = 6m/s \tag{A.2.2}$$

이 내용을 요약하자면 어떤 구간에서의 그래프의 기울기를 구하는 것과 같다고 말할 수 있습니다. 이 같은 요령으로 이번에는 10초와 11초 사이 그리고 10.0초와 10.1초 사이...라는 식으로 점점 간격을 좁혀가면 10초인 시점에서의 순간적인 기울기, 즉 속도를 구할 수 있습니다. 이런 식으로 간격을 좁혀서 기울기를 구하는 작업을 미분이라고 말합니다.

방금 설명한 '순간의 변화량'을 구하기 위해 함수를 $f(x)$라고 두고 h를 매우 작은 수라고 하면 함수 $f(x)$에 있는 점 x에서의 기울기는 다음과 같은 식으로 나타낼 수 있습니다.

$$\frac{d}{dx}f(x) = \lim_{h \to 0} \frac{f(x+h) - f(x)}{h} \tag{A.2.3}$$

$\frac{d}{dx}$는 미분연산자라고 부르며 $f(x)$의 미분을 표현할 때는 $\frac{df(x)}{dx}$나 $\frac{d}{dx}f(x)$라고 씁니다. 그리고 미분을 나타내는 또 하나의 기호로는 프라임(′)이라는 것이 있으며 $f(x)$의 미분을 $f'(x)$라고 표현하기도 합니다. 둘 중 아무거나 써도 되지만 이 책에서는 미분연산자인 $\frac{d}{dx}$를 사용해서 표기합니다.

알 수 없는 문자가 갑자기 나와서 어렵게 느낄 수도 있지만 구체적인 숫자를 대입해보면 개념을 이해하기 쉬울 것입니다. 예를 들기 위해 앞서 나왔던 문제를 다시 보겠습니다. 10.0초와 10.1초 사이에서의 기울기를 생각하면 $x=10$, $h=0.1$이라고 말할 수 있습니다. 만일 10.0초인 시점에서 40.0m를 주행했고 10.1초인 시점에서 40.6m 주행했다고 가정하면 다음과 같이 계산할 수 있습니다.

$$\frac{f(10+0.1)-f(10)}{0.1}=\frac{40.6-40}{0.1}=6$$

(A.2.4)

이 6이라는 값이 기울기이고 이것이 속도가 됩니다. 사실은 h가 한없이 0에 가까워져야 하므로 0.1보다 더욱 그리고 더욱 작은 값이어야 하지만 지금 이것은 단지 하나의 예이므로 $h=0.1$이라고 두고 계산해본 것입니다.

그럼 이와 같은 식을 계산하면 함수 $f(x)$에서의 한 점 x에서의 기울기를 구할 수 있습니다. 이것은 다시 말하면 미분을 계산한 것입니다. 실제로는 이 식 그대로의 모습으로 계산하기는 힘들지만 미분 계산법에는 기억해두면 편리한 몇 가지 성질이 있습니다. 이 책에서 실제로 사용할 것이므로 이들 성질을 소개하겠습니다.

먼저 첫 번째 성질입니다. $f(x)=x^n$이라고 했을 때 이 식은 다음과 같이 미분할 수 있습니다.

$$\frac{d}{dx}f(x)=nx^{n-1}$$

(A.2.5)

그리고 두 번째 성질입니다. 어떤 함수 $f(x)$와 $g(x)$가 있고 어떤 상수 a가 있다고 했을 때는 다음과 같은 미분이 성립합니다. 이 같은 성질을 특별히 **선형성**이라고 합니다.

$$\frac{d}{dx}(f(x)+g(x))=\frac{d}{dx}f(x)+\frac{d}{dx}g(x)$$
$$\frac{d}{dx}(af(x))=a\frac{d}{dx}f(x)$$

(A.2.6)

그리고 세 번째 성질입니다. x와 관계없는 상수 a를 미분하면 0이 됩니다.

$$\frac{d}{dx}a = 0 \tag{A.2.7}$$

이 같은 성질은 h를 사용한 미분의 정의를 통해 실제로 도출할 수 있습니다. 이 책에서는 생략했지만 관심이 있다면 수학 서적을 찾아보거나 자신이 식을 변형해서 도출해보기 바랍니다.

이 같은 성질을 조합하면 다항식도 쉽게 미분할 수 있습니다.

이에 관한 몇 가지 예를 살펴보겠습니다.

$$\frac{d}{dx}5 = 0 \quad \cdots\cdots \text{A.2.7에서 이용했음}$$
$$\frac{d}{dx}x = \frac{d}{dx}x^1 = 1 \cdot x^0 = 1 \quad \cdots\cdots \text{A.2.5에서 이용했음}$$
$$\frac{d}{dx}x^3 = 3x^2 \quad \cdots\cdots \text{A.2.5에서 이용했음}$$
$$\frac{d}{dx}x^{-2} = -2x^{-3} \quad \cdots\cdots \text{A.2.5에서 이용했음}$$
$$\frac{d}{dx}10x^4 = 10\frac{d}{dx}x^4 = 10 \cdot 4x^3 = 40x^3 \quad \cdots\cdots \text{A.2.6과 A.2.5에서 이용했음}$$
$$\frac{d}{dx}(x^5 + x^6) = \frac{d}{dx}x^5 + \frac{d}{dx}x^6 = 5x^4 + 6x^5 \quad \cdots\cdots \text{A.2.6과 A.2.5에서 이용했음} \tag{A.2.8}$$

그리고 시그마 기호에 붙어 있는 식을 미분하는 방법은 이 책에서 여러 번 등장했는데 이 경우에는 다음과 같이 시그마 기호와 미분연산자의 위치를 바꿀 수 있습니다.

$$\frac{d}{dx}\sum_{i=0}^{n} x^n = \sum_{i=0}^{n} \frac{d}{dx} x^n \tag{A.2.9}$$

다시 말하면 전체를 모두 더해서 미분하는 것과 미분한 결과를 모두 더하는 것은 동일한 작업이라고 말할 수 있기 때문에 이렇게 미분할 수 있는 것입니다. 이것은 식 A.2.6에 나온 첫 번째 성질을 이용하면 자연스럽게 도출되는 결과이므로 관심이 있다면 잠깐 생각해 보기 바랍니다.

이 책에서는 미분할 때 식 A.2.8과 식 A.2.9에 나온 성질을 이용하므로 미분의 성질에 관해서는 이 정도만 알아두면 충분합니다.

Section 3 편미분

이제까지 봤던 함수 $f(x)$는 x라는 하나의 변수를 가진 1차함수였습니다. 그러나 이 세상에는 다음과 같이 두 개 이상의 변수를 가진 다변수함수도 존재합니다.

$$g(x_1, x_2, \cdots, x_n) = x_1 + x_2^2 \cdots + x_n^n \tag{A.3.1}$$

머신러닝에 나오는 최적화 문제에는 매개변수의 개수만큼의 변수가 있으므로 목적함수가 이런 **다변수함수**의 형태로 등장합니다. 미분을 사용해 기울기의 방향으로 매개변수를 조금씩 움직인다는 개념을 설명했는데(2장 2.3.1절) 매개변수가 여러 개 있을 경우에는 각각의 매개변수마다 기울기도 다르고 움직일 방향도 다릅니다.

따라서 다변수함수를 미분할 때는 미분할 변수에만 주목하고 다른 변수는 모두 상수로 취급해서 계산하는데 이런 미분법을 **편미분**이라고 합니다.

조금 더 구체적으로 개념을 파악해보겠습니다. 변수가 세 개 이상 있으면 그래프로 나타내기 어려우므로 지금은 변수가 두 개인 함수를 생각해보겠습니다.

$$h(x_1, x_2) = x_1^2 + x_2^3 \tag{A.3.2}$$

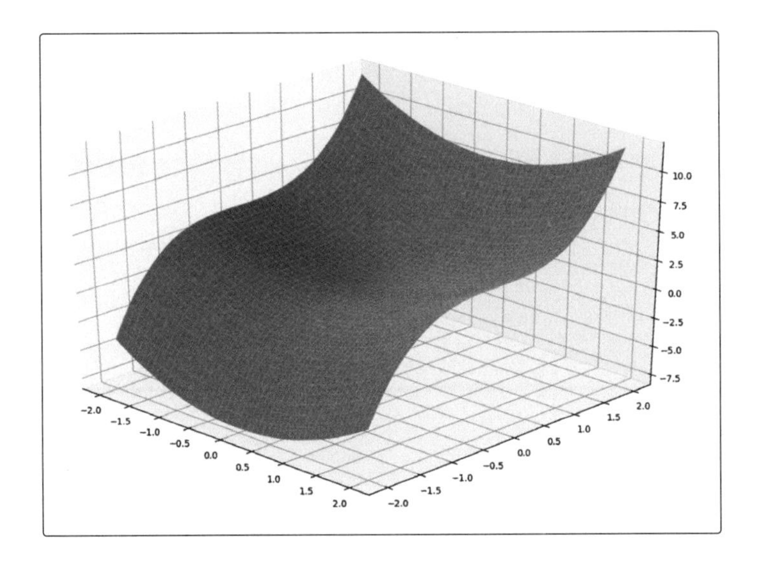

그림 A-3

변수가 두 개 있으므로 3차원 공간에 그래프를 그리게 됩니다. 이 그래프의 안쪽을 향해 진행되는 축이 x_1이고 오른쪽을 향해 진행되는 축이 x_2일 때 높이가 $h(x_1, x_2)$인 값이 됩니다. 그럼 이 함수 h를 x_1로 편미분해보겠습니다. 편미분에서는 주목할 변수 이외의 변수를 모두 상수로 취급한다고 이야기했는데 이를 다시 말하면 변수의 값이 고정된다고 할 수 있습니다. 예를 들어, $x_2=1$로 고정해보면 다음과 같이 h는 x_1만의 함수가 됩니다.

$$h(x_1, x_2) = x_1^2 + 1^3 \tag{A.3.3}$$

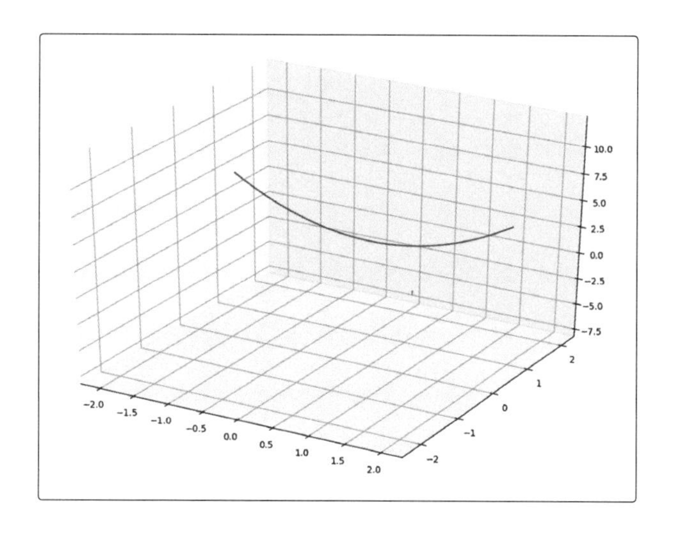

그림 A-4

여전히 3차원 공간 안에 그려져 있긴 하지만 이것은 단순한 2차함수입니다. 상수를 미분하면 모두 0이 되므로 h를 x_1로 편미분하면 결국 다음과 같은 결과가 나옵니다.

$$\frac{\partial}{\partial x_1} h(x_1, x_2) = 2x_1 \tag{A.3.4}$$

그리고 편미분할 때는 미분연산자에 있는 d가 ∂로 바뀌지만 의미는 같습니다. 같은 요령으로 이번에는 h를 x_2로 편미분하는 것을 생각해보겠습니다. 예를 들어 $x_1=1$로 고정해보면 h는 다음과 같이 x_2만의 함수가 됩니다.

$$h(x_1, x_2) = 1^2 + x_2^3 \tag{A.3.5}$$

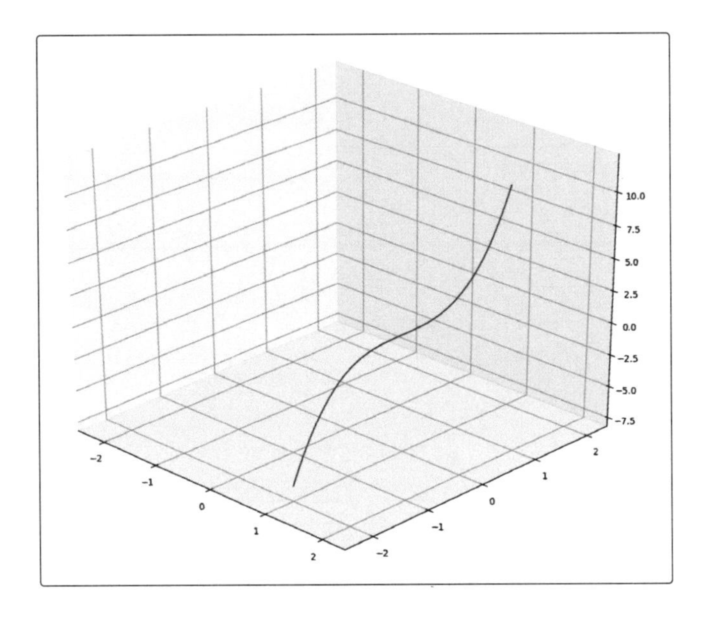

그림 A-5

이번에는 단순한 3차함수가 됐습니다. x_1로 편미분했을 때처럼 이번에는 h를 x_2로 편미분하면 다음과 같은 결과가 나옵니다.

$$\frac{\partial}{\partial x_2}h(x_1, x_2) = 3x_2^2 \tag{A.3.6}$$

이처럼 미분하려는 변수에만 주목하고 다른 변수는 모두 상수로 취급하면 해당 변수에 관한 함수의 기울기를 알 수 있습니다. 지금은 가시화하기 위해 두 개의 변수를 가진 함수를 보면서 설명했지만 변수가 몇 개가 되든지 동일한 개념을 적용할 수 있습니다.

Section 4 합성함수

예를 들어 다음과 같은 2차함수 $f(x)$와 $g(x)$를 생각해보겠습니다.

$$f(x) = 10 + x^2$$
$$g(x) = 3 + x \tag{A.4.1}$$

당연한 이야기지만 각각의 x에 적당한 값을 대입하면 그에 대응되는 값이 출력됩니다.

$$f(1) = 10 + 1^2 = 11$$
$$f(2) = 10 + 2^2 = 14$$
$$f(3) = 10 + 3^2 = 19$$
$$g(1) = 3 + 1 = 4$$
$$g(2) = 3 + 2 = 5$$
$$g(3) = 3 + 3 = 6 \tag{A.4.2}$$

지금은 각각의 x에 1, 2, 3을 대입해서 계산했는데 x에 함수를 대입해도 됩니다. 다시 말하면 다음과 같은 식도 생각해볼 수 있습니다.

$$f(g(x)) = 10 + g(x)^2 = 10 + (3 + x)^2$$
$$g(f(x)) = 3 + f(x) = 3 + (10 + x^2) \tag{A.4.3}$$

$f(x)$ 안에 $g(x)$가 들어가거나 $g(x)$ 안에 $f(x)$가 들어가는 모양이 됐습니다. 이처럼 여러 개의 함수가 조합된 것을 합성함수라고 합니다. 이 책에는 이런 **합성함수**를 미분하는 이야기가 많이 나오므로 합성함수에 대해 알아두고 또 이 합성함수를 미분하는 방법을 알아두기 바랍니다.

예를 들어 합성함수 $f(g(x))$ 를 x로 미분하는 것을 생각해보겠습니다. 위의 식을 가지고 이야기하면 이해하기 어려우므로 다음과 같이 일단 변수로 치환하겠습니다.

$$
\begin{aligned}
y &= f(u) \\
u &= g(x)
\end{aligned}
\tag{A.4.4}
$$

이렇게 하면 다음과 같이 단계적으로 미분할 수 있습니다.

$$
\frac{dy}{dx} = \frac{dy}{du} \cdot \frac{du}{dx} \tag{A.4.5}
$$

다시 말하면 y를 u로 미분하고나서 여기에 u를 x로 미분한 것을 곱하면 됩니다. 실제로 미분해보겠습니다.

$$
\begin{aligned}
\frac{dy}{du} &= \frac{d}{du} f(u) \\
&= \frac{d}{du}(10 + u^2) = 2u \\
\frac{du}{dx} &= \frac{d}{dx} g(x) \\
&= \frac{d}{dx}(3 + x) = 1
\end{aligned}
\tag{A.4.6}
$$

각각의 결과가 나왔으므로 이제 이 두 개의 결과끼리 곱하기만 하면 됩니다. 그러고 나서 u를 $g(x)$로 되돌리면 최종적인 미분 결과를 얻을 수 있습니다.

$$\begin{aligned}\frac{dy}{dx} &= \frac{dy}{du}\cdot\frac{du}{dx} \\ &= 2u\cdot 1 \\ &= 2g(x) \\ &= 2(3+x)\end{aligned} \quad \text{(A.4.7)}$$

머신러닝에서는 복잡한 함수를 미분해야 할 경우가 많은데 그런 복잡한 함수를 미분할 때는 해당 함수가 여러 개의 단순한 함수로 구성된 합성함수라고 간주하고 계산을 진행하면 비교적 쉽게 미분할 수 있습니다. 얼마나 단순한 함수로 분할할지에 관해서는 경험이 필요한 부분이기도 하지만 합성함수의 미분을 기법의 하나로 여기고 잘 알아두면 좋습니다.

Section 5 벡터와 행렬

벡터와 행렬은 머신러닝에서 이뤄지는 수치 계산을 효율적으로 처리하기 위해 필요합니다. 독자가 만일 인문계 쪽을 전공했다면 벡터는 물론 행렬을 접할 기회도 없었을 것이므로 이번 절에서는 벡터와 행렬의 기초에 관해 몇 가지 사항을 소개하겠습니다.

일단 **벡터**란 숫자를 세로로 늘어놓은 것이고 **행렬**이란 숫자를 가로세로로 늘어놓은 것이며 각각의 모양은 다음과 같습니다.

$$\boldsymbol{a} = \begin{bmatrix} 3 \\ 9 \\ -1 \end{bmatrix},\ \boldsymbol{A} = \begin{bmatrix} 6 & 3 \\ 11 & 9 \\ 8 & 10 \end{bmatrix} \quad \text{(A.5.1)}$$

관습적으로 벡터는 **소문자** 알파벳으로 표기하고 행렬은 **대문자** 알파벳으로 표기하는데 벡터와 행렬 모두 굵은 글씨로 나타낼 때가 많습니다. 이 책에서도 이런 표기 방식을 따릅니다. 그리고 일반적으로 벡터나 행렬의 요소는 첨자를 붙여서 나타내기도 하는데 이 책에서도 몇 군데 이렇게 표기한 곳이 나옵니다.

$$\boldsymbol{a} = \begin{bmatrix} a_1 \\ a_2 \\ a_3 \end{bmatrix}, \ \boldsymbol{A} = \begin{bmatrix} a_{11} & a_{12} \\ a_{21} & a_{22} \\ a_{31} & a_{32} \end{bmatrix} \tag{A.5.2}$$

위의 식에서 벡터 $\boldsymbol{a}$는 세 개의 숫자로 구성돼 있으므로 이것은 3차원 벡터입니다. 행렬 $\boldsymbol{A}$는 세로로 세 개, 가로로 두 개의 숫자로 구성돼 있으므로 이것은 3x2(3행 2열이라고 말하기도 합니다) 크기의 행렬입니다. 벡터를 하나의 열로 구성된 행렬이라고 생각하면 $\boldsymbol{a}$는 nx1 크기의 행렬이라고 간주할 수 있습니다. 이번 절에서는 지금부터 벡터를 3x1 크기의 행렬과 동일한 것으로 간주하고 설명을 진행하겠습니다.

행렬은 각각 덧셈, 뺄셈, 곱셈 연산을 정의할 수 있습니다. 예를 들어, 다음과 같은 행렬 $\boldsymbol{A}$, $\boldsymbol{B}$가 있다고 하고 각각의 덧셈, 뺄셈, 곱셈을 계산해보겠습니다.

$$\boldsymbol{A} = \begin{bmatrix} 6 & 3 \\ 8 & 10 \end{bmatrix}, \ \boldsymbol{B} = \begin{bmatrix} 2 & 1 \\ 5 & -3 \end{bmatrix} \tag{A.5.3}$$

덧셈과 뺄셈은 단순히 각각의 같은 위치에 있는 요소끼리 더하거나 빼기만 하면 되므로 어렵지 않습니다.

$$\begin{aligned} \boldsymbol{A} + \boldsymbol{B} &= \begin{bmatrix} 6+2 & 3+1 \\ 8+5 & 10-3 \end{bmatrix} = \begin{bmatrix} 8 & 4 \\ 13 & 7 \end{bmatrix} \\ \boldsymbol{A} - \boldsymbol{B} &= \begin{bmatrix} 6-2 & 3-1 \\ 8-5 & 10+3 \end{bmatrix} = \begin{bmatrix} 4 & 2 \\ 3 & 13 \end{bmatrix} \end{aligned} \tag{A.5.4}$$

곱셈은 조금 특별하기 때문에 조금 더 자세히 설명하겠습니다. 행렬의 곱은 왼쪽 행렬의 행의 요소와 오른쪽 행렬의 열의 요소를 순서대로 곱한 후에 그것을 모두 더합니다.

말로만 설명하면 이해하기 어려우므로 실제로 계산해보겠습니다. 행렬의 곱은 다음과 같이 계산합니다.

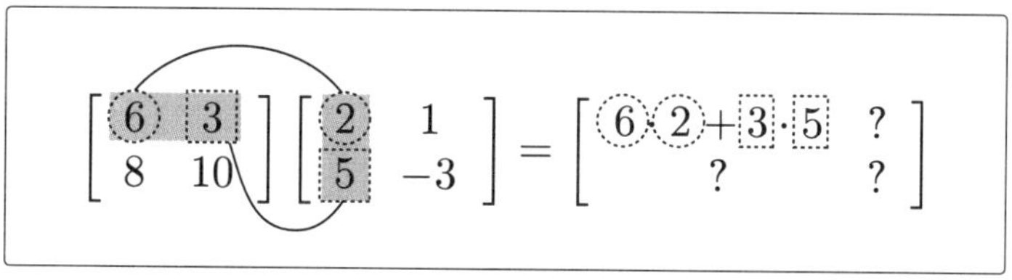

$$\begin{bmatrix} 6 & 3 \\ 8 & 10 \end{bmatrix} \begin{bmatrix} 2 & 1 \\ 5 & -3 \end{bmatrix} = \begin{bmatrix} 6 \cdot 2 + 3 \cdot 5 & ? \\ ? & ? \end{bmatrix}$$

그림 A-6

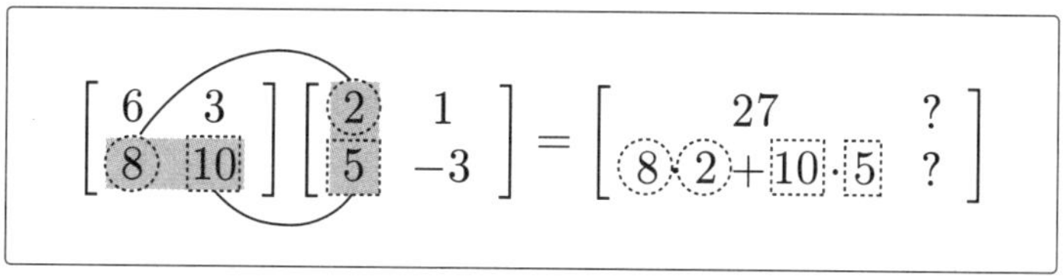

$$\begin{bmatrix} 6 & 3 \\ 8 & 10 \end{bmatrix} \begin{bmatrix} 2 & 1 \\ 5 & -3 \end{bmatrix} = \begin{bmatrix} 27 & ? \\ 8 \cdot 2 + 10 \cdot 5 & ? \end{bmatrix}$$

그림 A-7

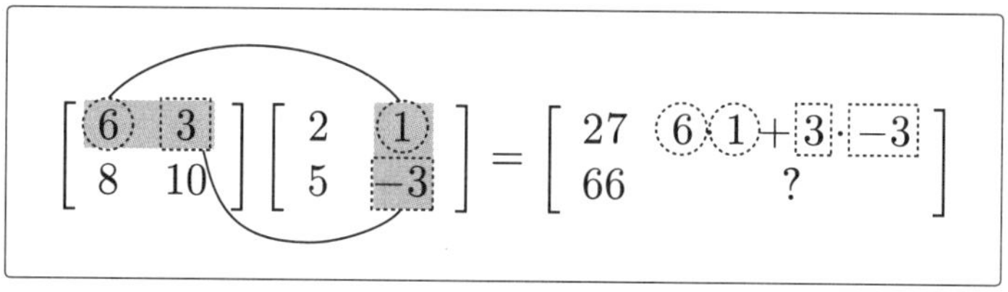

$$\begin{bmatrix} 6 & 3 \\ 8 & 10 \end{bmatrix} \begin{bmatrix} 2 & 1 \\ 5 & -3 \end{bmatrix} = \begin{bmatrix} 27 & 6 \cdot 1 + 3 \cdot -3 \\ 66 & ? \end{bmatrix}$$

그림 A-8

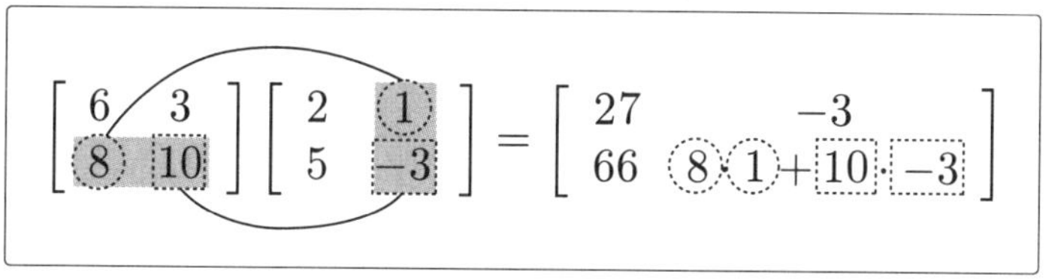

$$\begin{bmatrix} 6 & 3 \\ 8 & 10 \end{bmatrix} \begin{bmatrix} 2 & 1 \\ 5 & -3 \end{bmatrix} = \begin{bmatrix} 27 & -3 \\ 66 & 8 \cdot 1 + 10 \cdot -3 \end{bmatrix}$$

그림 A-9

$\boldsymbol{A}$와 $\boldsymbol{B}$를 곱한 결과는 다음과 같습니다.

$$\boldsymbol{AB} = \begin{bmatrix} 27 & -3 \\ 66 & -22 \end{bmatrix} \tag{A.5.5}$$

행렬은 곱하는 순서가 중요한데 일반적으로 $\boldsymbol{AB}$와 $\boldsymbol{BA}$의 결과는 다릅니다(우연히 동일한 결과가 나올 때도 있습니다). 그리고 **행렬 크기**도 중요한데 행렬끼리 곱셈할 때는 왼쪽에 있는 행렬의 열의 개수와 오른쪽에 있는 행렬의 행의 개수가 일치해야 합니다. $\boldsymbol{A}$와 $\boldsymbol{B}$는 둘 다 2x2 행렬이었으므로 이 조건을 만족합니다. 크기가 일치하지 않는 행렬끼리의 곱셈은 정의돼 있지 않으므로 예를 들어 다음과 같은 2x2와 3x1인 행렬은 곱셈할 수 없습니다.

$$\begin{bmatrix} 6 & 3 \\ 8 & 10 \end{bmatrix} \begin{bmatrix} 2 \\ 5 \\ 2 \end{bmatrix} \tag{A.5.6}$$

마지막으로 **전치**에 대해 소개하고 끝내겠습니다. 전치란 다음과 같이 행과 열을 뒤바꾸는 작업이며 이 책에서는 문자의 오른쪽 위에 T라는 기호를 붙여 전치임을 나타냅니다.

$$\boldsymbol{a} = \begin{bmatrix} 2 \\ 5 \\ 2 \end{bmatrix}, \boldsymbol{a}^{\mathrm{T}} = \begin{bmatrix} 2 & 5 & 2 \end{bmatrix}$$
$$\boldsymbol{A} = \begin{bmatrix} 2 & 1 \\ 5 & 3 \\ 2 & 8 \end{bmatrix}, \boldsymbol{A}^{\mathrm{T}} = \begin{bmatrix} 2 & 5 & 2 \\ 1 & 3 & 8 \end{bmatrix} \tag{A.5.7}$$

예를 들어 벡터끼리 곱할 경우에는 다음과 같이 한쪽을 전치한 후에 곱셈하는 경우가 많습니다. 이것은 벡터끼리의 내적을 취하는 것과 같은 의미입니다.

$$\boldsymbol{a} = \begin{bmatrix} 2 \\ 5 \\ 2 \end{bmatrix}, \boldsymbol{b} = \begin{bmatrix} 1 \\ 2 \\ 3 \end{bmatrix}$$
$$\begin{aligned} \boldsymbol{a}^{\mathrm{T}}\boldsymbol{b} &= \begin{bmatrix} 2 & 5 & 2 \end{bmatrix} \begin{bmatrix} 1 \\ 2 \\ 3 \end{bmatrix} \\ &= \begin{bmatrix} 2 \cdot 1 + 5 \cdot 2 + 2 \cdot 3 \end{bmatrix} \\ &= \begin{bmatrix} 18 \end{bmatrix} \end{aligned} \tag{A.5.8}$$

이런 예는 많이 나오므로 반드시 행렬의 곱과 전치에 익숙해지도록 연습하기 바랍니다.

Section 6 기하벡터

회귀에 대해 공부했던 장(2장)에서도 벡터가 나왔고 분류를 공부했던 장(3장)에서도 벡터가 나왔습니다. 분류를 공부할 때 등장한 벡터는 기하학적인 측면이 강하고 벡터끼리의 덧셈, 뺄셈, 내적, 법선과 같은 용어가 나옵니다. 따라서 벡터에 관한 기초적인 사항을 잊었다면 이번 절에서 개념을 복습하기 바랍니다. 분류를 공부한 3장에서는 주로 2차원 벡터를 다루므로 이번 절에서도 2차원 공간에 한정해서 설명하겠습니다.

벡터는 크기와 방향을 가지고 있습니다. 고등학교에서는 다음과 같이 화살표를 그려 2차원 벡터를 나타냈습니다.

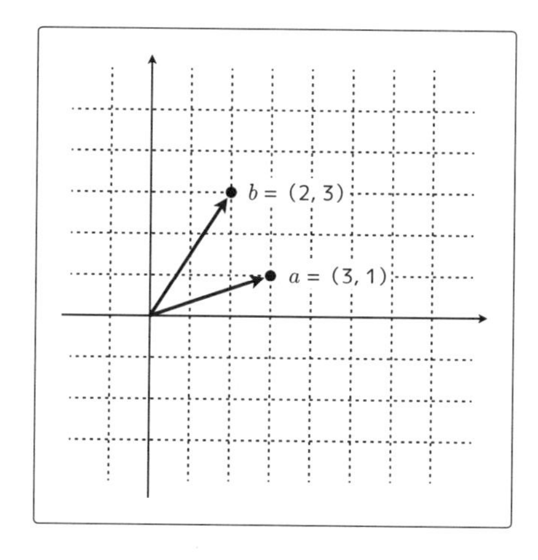

그림 A-10

그리고 벡터는 이처럼 세로로 나열해 쓸 때도 있는데 이런 벡터를 특히 열벡터라고 부릅니다. 이것은 회귀를 공부하는 장에서도 나왔습니다.

$$\boldsymbol{a} = \begin{bmatrix} 3 \\ 1 \end{bmatrix}, \boldsymbol{b} = \begin{bmatrix} 2 \\ 3 \end{bmatrix} \tag{A.6.1}$$

벡터의 덧셈과 뺄셈에 관해 기하학적으로 표현하자면 벡터의 덧셈은 화살표를 이어붙이는 것이고 뺄셈은 벡터의 방향을 거꾸로 해서 화살표를 이어붙이는 것입니다.

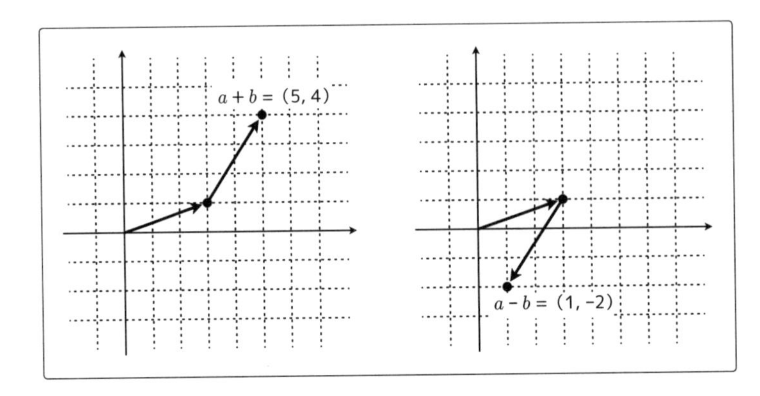

그림 A-11

이를 대수적으로 이야기하자면 벡터의 각 요소끼리 더하고 빼는 것에 지나지 않습니다.

$$\boldsymbol{a}+\boldsymbol{b}=\begin{bmatrix}3\\1\end{bmatrix}+\begin{bmatrix}2\\3\end{bmatrix}=\begin{bmatrix}3+2\\1+3\end{bmatrix}=\begin{bmatrix}5\\4\end{bmatrix}$$
$$\boldsymbol{a}-\boldsymbol{b}=\begin{bmatrix}3\\1\end{bmatrix}-\begin{bmatrix}2\\3\end{bmatrix}=\begin{bmatrix}3-2\\1-3\end{bmatrix}=\begin{bmatrix}1\\-2\end{bmatrix} \quad \text{(A.6.2)}$$

벡터끼리의 합과 차가 있다면 벡터끼리의 곱은 어떻게 하는 것일까요? 사실은 벡터끼리의 곱을 생각해볼 수는 있지만 합이나 차처럼 단순히 요소끼리 곱하는 것이 아닙니다. 그 대신 내적이라는 것이 정의돼 있습니다. 내적이란 벡터 사이에 정의되는 곱연산 중 하나이며 2차원 벡터의 내적은 다음과 같은 식으로 계산할 수 있습니다.

$$\boldsymbol{a}\cdot\boldsymbol{b}=a_1b_1+a_2b_2 \quad \text{(A.6.3)}$$

5절에 나온 식 A.5.8에서 벡터를 전치하고 나서 곱셈하면 그것은 내적을 계산한 것과 같은 의미라고 소개했는데 그것과 같은 식이라는 것을 알 수 있습니다. $\boldsymbol{a}$와 $\boldsymbol{b}$의 내적을 구체적으로 계산해보겠습니다.

$$\boldsymbol{a} \cdot \boldsymbol{b} = 3 \cdot 2 + 1 \cdot 3 = 9 \tag{A.6.4}$$

9라는 값이 나왔는데 이처럼 벡터의 내적을 취하면 그 결과는 벡터의 형태가 아닌 보통의 수(크기)가 나옵니다. 이 같은 보통의 수를 **스칼라**라고 말할 때도 있으므로 내적은 **스칼라곱**이라고 불리기도 합니다. 그리고 내적의 연산기호는 곱셈기호인 x가 아니고 ·이며 이 기호를 '닷'이라고 부릅니다.

그리고 벡터 $\boldsymbol{a}$와 $\boldsymbol{b}$가 이루는 각을 θ라고 하면 내적은 다음과 같이 나타낼 수도 있습니다.

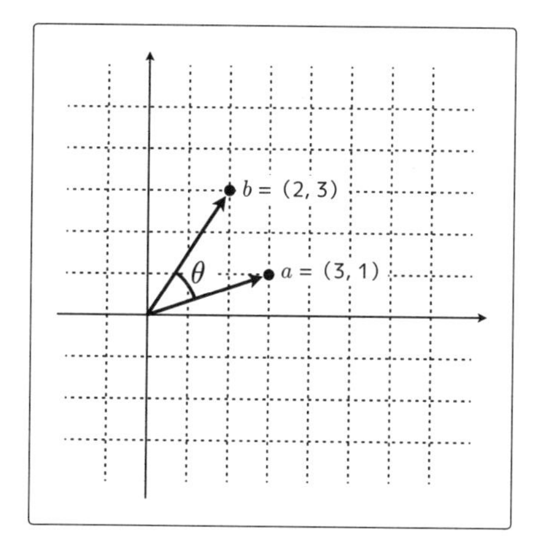

그림 A-12

$$\boldsymbol{a} \cdot \boldsymbol{b} = |\boldsymbol{a}| \cdot |\boldsymbol{b}| \cdot \cos\theta \tag{A.6.5}$$

위의 식에 나온 $|\boldsymbol{a}|$라는 표기는 벡터의 길이입니다. 예를 들어 $\boldsymbol{a}=(a_1, a_2)$라는 벡터의 길이는 다음과 같이 정의됩니다.

$$|\boldsymbol{a}| = \sqrt{a_1^2 + a_2^2} \tag{A.6.6}$$

벡터의 요소를 각각 제곱해서 모두 더한 것이므로 반드시 0 이상의 수가 됩니다. 이것은 중요한 사항이므로 반드시 알아두기 바랍니다.

그리고 cos는 삼각함수 중 하나입니다. 이것은 코사인 또는 여현함수라고 부릅니다. 이번 절에서 삼각함수에 관한 자세한 설명은 생략하겠지만 cos 그래프의 모양을 떠올려 보면 벡터의 내적을 쉽게 도형적으로 해석할 수 있을 것입니다. 이 개념을 잘 익혀두기 바랍니다. 본문에도 등장하지만 가로축을 θ라고 정하고 세로축을 cos이라고 정해서 코사인 그래프를 나타내면 다음과 같습니다.

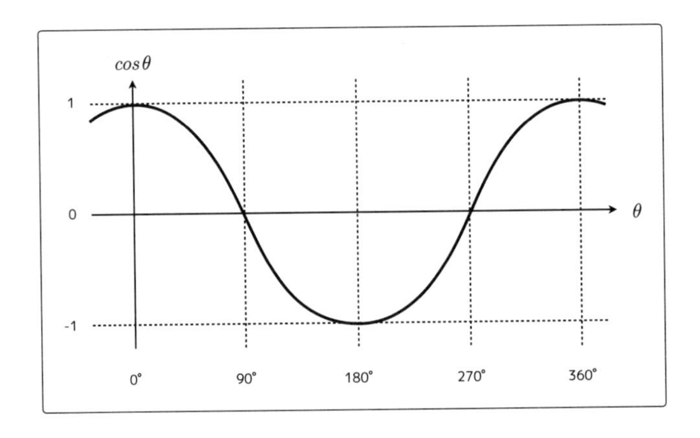

그림 A-13

이 그래프의 모양은 매끄럽고 $\theta=90°, 270°$일 때 $cos\theta=0$이 되며 그 점을 경계로 해서 $cos\theta$의 부호가 바뀐다는 특징이 있습니다. 이 특징은 벡터를 기하학적으로 해석할 때 자주 사용되므로 잘 알아두기 바랍니다.

그리고 데이터를 분류하는 직선을 찾는 퍼셉트론 기법을 이용할 때 등장한 법선벡터에 관해 소개하고 끝내겠습니다. 법선벡터란 어떤 직선에 수직인 벡터를 말합니다.

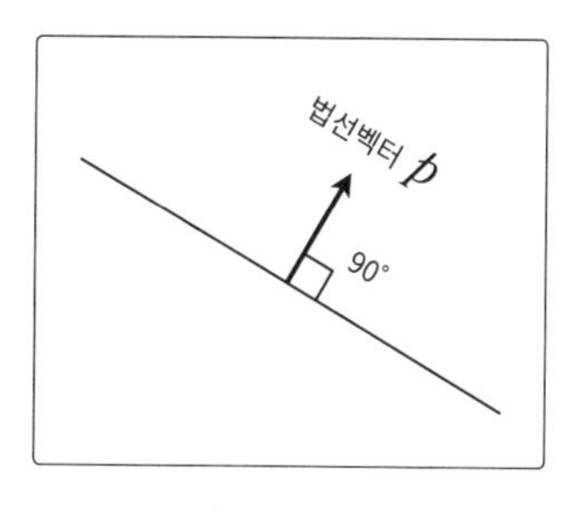

그림 A-14

그림에 있는 직선의 방정식을 $ax+by+c=0$이라고 하면 이때의 법선벡터 $\boldsymbol{p}$는 $\boldsymbol{p}=(a, b)$가 됩니다.

Section 7 지수와 대수

동시확률이나 우도를 계산할 때 대수를 취할 때가 자주 있습니다. 이 대수란 도대체 무엇일까요? 이번 절에서는 대수에 관해 간단히 소개하겠습니다.

일단 대수에 관해 알아보기 전에 지수에 관해 생각해보겠습니다. 지수에 관해서는 이미 알고 있는 사람도 많을 것입니다. 수의 오른쪽 위에 붙어 해당 수를 몇 제곱하는지를 나타내는 것이 지수입니다. 예를 들어 다음과 같은 것을 말합니다.

$$x^3 = x \cdot x \cdot x$$
$$x^{-4} = \frac{1}{x^4} = \frac{1}{x \cdot x \cdot x \cdot x} \quad \text{(A.7.1)}$$

지수는 다음과 같은 성질을 가지고 있는데 이 성질을 지수법칙이라고 부릅니다.

$$a^b \cdot a^c = a^{b+c}$$

$$\frac{a^b}{a^c} = a^{b-c}$$

$$(a^b)^c = a^{bc} \tag{A.7.2}$$

보통 많이 볼 수 있는 것은 이처럼 오른쪽 위의 지수부가 보통의 수인 것이지만 지수부가 변수인 것도 있는데 이를 **지수함수**라고 부릅니다. 그리고 이것의 모양은 다음과 같습니다(a>1인 경우).

$$y = a^x \tag{A.7.3}$$

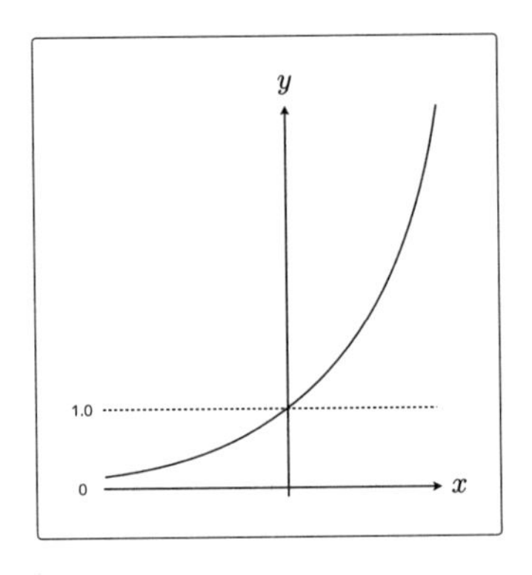

그림 A-15

이러한 지수함수의 역함수로는 **대수함수**라는 것이 있는데 log를 사용해 다음과 같이 나타냅니다.

$$y = \log_a x \tag{A.7.4}$$

역함수란 어떤 함수의 x와 y를 뒤바꿔 놓은 함수를 말합니다. 역함수의 그래프는 본래 함수의 그래프를 90도 회전시키고 좌우 방향을 반전시킨 모양이 되며 해당 가로축을 x라고 정하고 세로축을 y라고 정하면 대수함수의 모양은 다음과 같습니다(a>1인 경우).

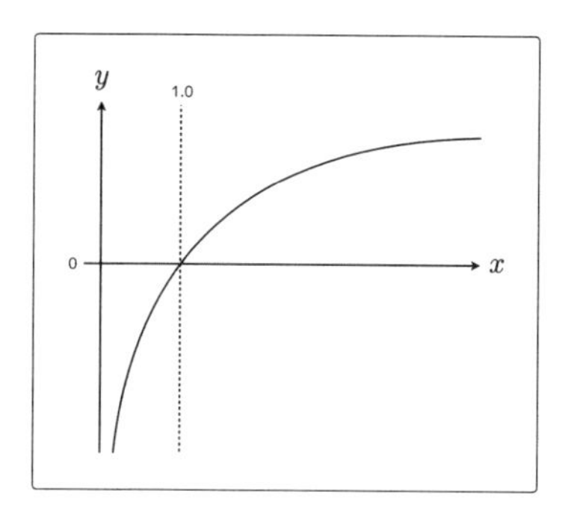

그림 A-16

그래프 상에서는 조금 알아보기 어렵겠지만 이것은 a를 y제곱하면 x가 된다고 해석할 수 있으며 이것이 바로 $y=a^x$에서 x와 y를 바꿔놓은 것이 됩니다. 식 A.7.4에서 a가 있는 부분을 '밑'이라고 부르는데 특별히 자연수(e라는 기호로 표현하는 2.7182...라는 상수)를 밑으로 둔 것을 **자연대수**라고 부릅니다. 자연대수는 밑을 생략해서 단순히 log 또는 In을 사용해 다음과 같이 나타낼 때가 많습니다.

$$y = \log_e x = \log x = \ln x \tag{A.7.5}$$

이 대수함수는 다음과 같은 성질을 가지고 있는데 이 성질은 자주 사용되므로 잘 알아두면 좋습니다.

$$\begin{aligned} &\log e = 1 \\ &\log ab = \log a + \log b \\ &\log \frac{a}{b} = \log a - \log b \\ &\log a^b = b \log a \end{aligned} \tag{A.7.6}$$

※대수함수의 성질은 지수법칙을 사용해 실제로 도출할 수 있습니다. 이 책에서는 도출 방법의 설명은 생략하겠지만 관심이 있다면 수학 서적을 참고하거나 자신이 식을 변형해서 도출해보기 바랍니다.

그리고 대수함수의 미분도 자주 나오므로 여기서 소개해둬야 할 것 같습니다. 밑이 a인 대수함수는 다음과 같이 미분합니다.

$$\frac{d}{dx}\log_a x = \frac{1}{x\log a} \tag{A.7.7}$$

특별히 밑이 e인 자연대수는 미분 결과가 $\log e = 1$이라는 성질에 의해 다음과 같이 간결하게 나오므로 일단은 이것을 알아두기를 권장합니다.

$$\frac{d}{dx}\log_e x = \frac{1}{x} \tag{A.7.8}$$

※대수의 미분에 관해서는 미분의 정의를 사용해서 도출할 수 있습니다. 대수의 성질과 마찬가지로 이 책에서는 설명을 생략하겠지만 관심이 있다면 자신이 직접 도출해보기 바랍니다.

Section 8 파이썬 환경 구축

파이썬은 수많은 프로그래밍 언어 중 하나이며 전 세계에서 누구나 무료로 자유롭게 이용할 수 있는 오픈소스 소프트웨어입니다. 파이썬의 구문은 단순하며 소스코드를 컴파일하지 않고 바로 실행할 수 있습니다. 이렇게 사용하기 편한 프로그래밍 언어이므로 초보자에게 인기가 많습니다.

그리고 파이썬은 데이터 과학이나 머신러닝에 관련된 **라이브러리**가 많아서 이러한 분야에서 이용하는 데 가장 적합한 언어이며 초보자뿐만 아니라 오랜 경험을 가진 전문가도 많이 이용합니다.

이 책에서도 앞서 배운 이론을 실제로 구현하기 위해 파이썬을 사용합니다. 이번 절에서는 파이썬을 설치해서 사용할 수 있게 되기까지 진행해야 할 절차를 설명하겠습니다.

이 책에서는 **파이썬** 3 버전을 이용합니다. 2017년 12월 시점에서는 3.6.3이 최신 버전입니다. 파이썬은 macOS나 리눅스 배포판에 기본 사양으로 설치된 경우가 많지만 그 버전은 대부분의 경우 버전 2입니다. 이 책에서는 이 버전 2를 사용하지 않을 것이므로 버전 3을 새로 설치해야 합니다.

그리고 윈도우에는 파이썬이 기본으로 설치돼 있지 않으므로 별도로 설치해야 합니다. 물론 이미 파이썬 3 환경이 구축돼 있다면 이번 절을 읽지 않고 넘어가도 됩니다.

Section 8 | Step 1 | 파이썬을 설치한다

데이터 과학이나 머신러닝 분야에서 파이썬을 시작하려는 사람들을 위해 **아나콘다**라는 편리한 프로그램이 있습니다. 아나콘다는 데이터 과학이나 머신러닝에 편리하게 사용할 수 있는 라이브러리를 기본으로 포함하고 있으므로 아나콘다를 설치한 후에 이 책에 게재된 예제 프로그램을 곧바로 구현할 수 있습니다.

앞서 이야기했듯이 이 책에서는 파이썬 3을 이용하므로 아나콘다도 버전 3 계열을 설치하겠습니다. 일단은 다음에 나온 다운로드 사이트에 접속합니다.

https://www.continuum.io/downloads

윈도우/macOS/리눅스 플랫폼에 맞는 인스톨러가 각각 마련돼 있습니다. 윈도우와 macOS용은 GUI 기반의 그래픽 기반 인스톨러를 사용하게 되므로 화면에 나오는 지시를 따르며 쉽게 설치할 수 있지만 리눅스의 경우에는 터미널을 통해 설치 명령어를 실행해서 설치해야 합니다.

다운로드 페이지에 문서 페이지로 가는 링크가 있으므로 자세한 설치 방법은 이 문서를 참고하기 바랍니다. 만일 설치 도중에 잘 몰라서 진행할 수 없다면 이 문서를 참고하면 됩니다.

> **POINT**
>
> 설치 도중에 환경 변수 PATH에 아나콘다를 추가할지를 묻는 옵션이 나타나면 체크 표시를 넣어 추가하기 바랍니다.

아나콘다를 모두 설치했다면 파이썬이 설치됐는지 확인하기 위해 터미널이나 명령 프롬프트를 열고 'python --version'이라고 입력해보기 바랍니다.

■ **터미널 또는 명령 프롬프트에 입력(예제 코드 A-8-1)**

```
$ python --version       <----- '$'는 입력하지 말고 그 오른쪽에 있는 문자열만 입력합니다.
Python 3.6.3 :: Anaconda 4.4.0 (64-bit)
```

파이썬 버전 3.6.3이나 아나콘다 버전 4.4.0과 같은 숫자는 설치한 버전에 따라 다른데 일단 이런 내용이 표시됐다면 제대로 동작하고 있는 것입니다. 만일 제대로 설치됐는데 이런 내용이 표시되지 않는다면 일단 로그아웃한 후에 다시 로그인해서 터미널을 열어 보거나 컴퓨터를 재부팅해보기 바랍니다.

Section 8 | Step 2 | 파이썬 실행

파이썬을 실행하는 방법은 크게 두 가지가 있습니다. 하나는 대화형 실행환경에서 실행하는 방법이고 또 하나는 .py 파일에 쓴 내용을 실행하는 방법입니다. 이 책에서는 주로 전자인 대화형 실행환경에서 실행하는 방법으로 진행합니다.

대화형 실행환경이란 대화모드라고도 하며 프로그래머와 파이썬 프로그램이 대화하듯이 프로그래밍해가는 기능이고 이 대화형 실행환경은 터미널이나 명령 프롬프트에서 'python'이라고 입력하면 시작됩니다.

■ 터미널이나 명령 프롬프트에서 입력(예제 코드 A-8-2)

```
$ python        <----- '$'는 입력하지 말고 그 오른쪽에 있는 문자열만 입력합니다.
Python 3.6.3 |Anaconda 4.4.0 (64-bit)| (default, Oct 15 2017, 03:27:45)
[GCC 4.4.7 20120313 (Red Hat 4.4.7-1)] on linux
Type "help", "copyright", "credits" or "license" for more information.
>>>                     <----- '>>>'가 나오면 파이썬 프로그램을 받아들일 상태가 된 것입니다.
```

대화형 실행환경을 실행하고 있는 동안에는 첫머리에 '>>>'라는 기호가 표시돼 있습니다. 우리는 이 기호 뒤에 파이썬 프로그램을 입력하는 것입니다. 그리고 대화형 실행환경을 끝낼 때는 'quit()'라고 입력합니다.

이 책에 등장하는 파이썬 소스코드 가운데 첫머리가 >>> 또는 ...로 시작하는 것은 대화형 실행환경에서 실행된 것이므로 반드시 자신이 직접 대화형 실행환경을 열어서 소스코드를 실행해보며 결과를 확인하기 바랍니다.

그리고 이 책에서는 대화형 실행환경에서 차례로 실행한 소스코드 중에서 필요한 부분만 따로 떼어 정리한 예제 프로그램을 공개합니다. 이들 프로그램을 내려받아 파이썬에서 실행해서 확인할 수 있으므로 이때는 다음과 같이 파이썬 명령어 뒤에 파이썬 파일 이름을 지정해서 프로그램을 실행하기 바랍니다. 그리고 실행하기 전에 .py 파일이 들어 있는 디렉터리 경로로 이동하는 것을 잊지 말기 바랍니다.

■ 터미널 또는 명령 프롬프트에서 입력(예제 코드 A-8-3)

```
$ cd /path/to/downloads            <----- '$'는 입력하지 말고 그 오른쪽에 있는 문자열만 입력합니다.
$ python regression1_linear.py <----- 'regression1_linear.py'를 실행합니다.
```

Section 9 파이썬 기초

이번 절에서는 파이썬을 아직 경험하지 못한 독자를 위해 파이썬 프로그램의 기본적인 구문을 설명하겠습니다. 그러나 이 책은 파이썬 입문서가 아니므로 기본적으로는 5장에서 구현한 파이썬 프로그램을 이해할 수 있게 되는 것을 목표로 최소한의 사항만을 다루겠습니다. 따라서 여기서 소개하는 것이 전부가 아니므로 더욱 깊이 있게 이해하고 싶다면 웹상에서 별도로 조사하거나 파이썬 입문서를 읽을 것을 권장합니다.

그럼 직접 손으로 입력해가면서 배워보겠습니다. 일단은 터미널 또는 명령 프롬프트에서 'python'이라고 입력해서(부록의 8절을 참조) 대화형 실행환경을 시작하기 바랍니다.

Section 9 Step 1 숫자값과 문자열

파이썬에서는 정수와 부동소수점을 다룰 수 있고 각각에 대해 /, *, −, + 같은 연산자를 사용해서 사칙연산을 실행할 수 있습니다. 그리고 %로 나머지를 구할 수 있고 **로 제곱을 구할 수도 있습니다.

■ 이하 모든 파이썬 대화형 실행환경에서 실행(예제 코드 A-9-1)

```
>>> 0.5        <----- '>>>'는 입력하지 말고 그 오른쪽에 있는 문자열만 입력합니다(이하 모두 동일하게 적용됨).
0.5
>>> 1 + 2
3
>>> 3 - 4
-1
>>> 5 * 6
30
>>> 7 / 8
0.875
>>> 10 % 9
```

```
1
>>> 3 ** 3
27
```

파이썬은 지수 표기도 지원하며 다음과 같이 쓸 수 있습니다.

■ 예제 코드 A-9-2

```
>>> # 다음은 "1.0 * 10의 -3승"이라는 것과 같은 의미입니다. #으로 시작되는 행은 주석입니다.
>>> 1e-3
0.001
>>>
>>> # 다음은 "1.0 * 10의 3승"이라는 것과 같은 의미입니다.
>>> 1e3
1000.0
```

예제에서 #이라는 기호가 나왔는데 파이썬에서는 # 이후에 나오는 문자열은 주석이라고 간주합니다. 주석은 파이썬이 무시하므로 프로그램에 영향을 주지 않으며 프로그램 중에서 알아보기 어려운 부분의 제작 의도나 배경 등을 설명할 때 이 주석이 사용됩니다. 이 책에 나온 예제 프로그램에는 가끔 주석이 등장하는데 대화형 실행환경에서는 주석이 있는 행은 입력하지 않아도 됩니다.

그리고 파이썬에서는 문자를 **작은따옴표**와 **큰따옴표**로 묶어서 문자열을 나타냅니다. 문자열을 결합하거나 반복시킬 때는 +, * 연산자를 사용할 수 있습니다.

■ 예제 코드 A-9-3

```
>>> 'python'
'python'
>>> "python"
'python'
>>> 'python' + '입문'
'python입문'
>>> 'python' * 3
'pythonpythonpython'
```

| Section 9 | Step 2 | 변수 |

숫자값이나 문자열을 사용할 때 이것들에 이름을 붙여 나중에 참조할 수 있습니다. 이러한 것을 변수라고 하며 다음에 나온 것처럼 프로그램을 입력하면 숫자값이나 문자열을 변수에 대입할 수 있습니다. 변수끼리 연산한 결과를 다시 변수에 대입해서 결과를 저장할 수도 있으므로 선택적으로 이용하면 됩니다.

■ 예제 코드 A-9-4

```
>>> # 수를 변수에 대입해서 덧셈한다
>>> a = 1
>>> b = 2
>>> a + b
3
>>> # a와 b의 덧셈을 c에 대입한다
>>> c = a + b
>>>
>>> # 변수를 이용해 문자열을 반복 출력한다
>>> d = 'python'
>>> d * c
'pythonpythonpython'
```

그리고 변수를 사칙연산하는 데는 다음과 같은 생략 기법이 마련돼 있습니다. 이 생략 기법을 사용하면 프로그램이 간결해져서 알아보기 쉬워집니다. 이 생략 기법은 자주 사용되므로 잘 알아두면 좋습니다.

■ 예제 코드 A-9-5

```
>>> a = 1
>>>
>>> # a = a + 2와 같은 의미다
>>> a += 2
>>>
>>> # a = a - 1과 같은 의미다
```

```
>>> a -= 1
>>>
>>> # a = a * 3과 같은 의미다
>>> a *= 3
>>>
>>> # a = a / 3과 같은 의미다
>>> a /= 3
```

Section 9 | Step 3 | 부울값과 비교연산자

파이썬에는 참값과 거짓값을 나타내는 True와 False라는 값이 있습니다.

True가 참이고 False가 거짓을 나타내며, 이것은 불리언이라는 값입니다. 나중에 소개할 제어구문에서도 이용될 것이므로 잘 알아두기 바랍니다.

■ **예제 코드: A-9-6**

```
>>> # 1과 1은 같은가?
>>> 1 == 1
True
>>>
>>> # 1과 2는 같은가?
>>> 1 == 2
False
```

이처럼 어떤 값과 또 어떤 값을 비교해서 그것이 참인지 거짓인지를 판정해서 부울값으로 표현합니다. 예제에 나온 ==라는 기호는 이 기호의 왼쪽과 오른쪽에 있는 값이 같은지 다른지를 알아보는 것인데, 이를 비교연산자라고 합니다. 파이썬에서 사용되는 비교연산자에는 ==, !, 〉, 〉=, 〈, 〈=가 있고 각각 다음과 같은 의미를 가지고 있으므로 예제에 있는 주석 부분을 읽으면서 확인하기 바랍니다.

■ **예제 코드: A-9-7**

```
>>> # python2와 python3은 같지 않은가?
>>> 'python2' != 'python3'
True
>>>
>>> # 2는 3보다 큰가?
>>> 2 > 3
False
>>>
>>> # 2는 1 이상인가?
>>> 2 >= 1
True
>>>
>>> # 변수끼리 비교할 수도 있습니다
>>> a = 1
>>> b = 2
>>> # a는 b보다 작은가?
>>> a < b
True
>>>
>>> # b는 2 이상인가?
>>> b <= 2
True
```

그리고 부울값에는 and와 or라는 연산자를 적용할 수도 있습니다.

and는 두 개의 부울값 모두가 True일 경우에만 결과도 True가 됩니다.

or는 두 개의 부울값 중 한쪽이 True이면 결과도 True가 됩니다. 실제로 어떻게 연산되는지 확인해보겠습니다.

■ **예제 코드 A-9-8**

```
>>> a = 5
>>>
>>> # a는 1보다 크고 동시에 a는 10보다 작다
>>> 1 < a and a < 10
True
```

```
>>>
>>> # a는 3보다 크거나 a는 1보다 작다
>>> 3 < a or a < 1
True
```

Section 9	Step 4	**리스트**

파이썬에는 하나의 값뿐만 아니라 여러 값을 묶어서 취급할 수 있는 리스트라는 데이터 구조가 있습니다. 다른 프로그래밍 언어에서는 배열이라는 것이 있는데 이 배열과 리스트는 비슷합니다. 리스트는 나중에 설명할 제어구문에서도 사용될 것이므로 지금은 파이썬에서 리스트를 다루는 기본적인 방법에만 익숙해지길 바랍니다.

■ **예제 코드: A-9-9**

```
>>> # 리스트를 만든다
>>> a = [1, 2, 3, 4, 5, 6]
>>>
>>> # 리스트에 포함된 요소에 접근한다
>>> # (인덱스가 0부터 시작된다는 점에 주의)
>>> a[0]
1
>>> a[1]
2
>>>
>>> # 인덱스에 음수 기호를 붙이면 뒤에서부터 세어 해당 요소에 접근한다
>>> a[-1]
6
>>> a[-2]
5
>>>
>>> # 슬라이스라는 ":"를 사용한 편리한 기법도 있습니다
>>> # 지정된 범위의 값을 구한다
>>> a[1:3]
[2, 3]
>>>
```

```
>>> # 두 번째 값부터 마지막 값까지 구한다
>>> a[2:]
[3, 4, 5, 6]
>>>
>>> # 첫 번째 값부터 세 번째 값까지 구한다
>>> a[:3]
[1, 2, 3]
```

Section 9 | Step 5 | 제어구문

파이썬 프로그램은 프로그래밍이 코딩된 순서로 위에서부터 실행되는 것을 기본으로 하고 있지만 이번 절에서 소개할 제어구문을 이용하면 조건분기나 반복을 실행할 수 있습니다.

제어구문을 이용할 때는 블록이라는 프로그램 덩어리를 코딩합니다.

다른 프로그래밍 언어에서는 블록의 시작과 끝을 { ... }나 begin ... end라고 표현할 때가 많은데 파이썬에서는 들여쓰기를 이용해 블록을 표현합니다. 들여쓰기는 탭이나 공백으로 표현할 수 있는데 탭은 최대한 자제하고 공백 네 개를 사용해 들여쓰기할 것을 권장합니다. 파이썬은 다른 언어에 비해 들여쓰기가 중요한데 들여쓰기가 맞지 않으면 오류가 발생하므로 주의해야 합니다.

조건분기는 if 문을 이용합니다. if라는 단어에 이어지는 부울값이 True이면 그 아래에 있는 코드 블록이 실행되며 부울값이 False이면 그다음에 나오는 elif 행에 있는 부울값의 결과를 봅니다. 그리고 그 elif 행에서도 False이면 최종적으로 else 블록이 실행됩니다. 이 내용을 실제 코드로 확인해보겠습니다.

■ 예제 코드 A-9-10

```
>>> a = 10
>>>
>>> # 변수의 내용물이 3 또는 5로 나누어 떨어지는지 조사해서 그 결과에 따라 다른 메시지를 출력한다
>>> if a % 3 == 0:
...     print('3으로 나누어 떨어지는 수입니다.')
```

```
... elif a % 5 == 0:
...     print('5로 나누어 떨어지는 수입니다.')
... else:
...     print('3이나 5로 나누어 떨어지지 않는 수입니다.')
...
5로 나누어 떨어지는 수입니다.
```

그리고 어떤 처리를 반복적으로 실행하려면 for 문을 이용합니다. for에 리스트를 넘겨주면 해당 리스트의 내용물을 하나씩 꺼내서 반복적으로 처리할 수 있습니다. 실제 코드를 보면서 확인해보겠습니다.

■ **예제 코드: A-9-11**

```
>>> a = [1, 2, 3, 4, 5, 6]
>>>
>>> # 리스트의 내용물을 하나씩 꺼내서 i라는 변수에 넣어가며 값을 출력한다
>>> for i in a:
...     print(i)
...         B--- 여기서 [Enter] 키를 누릅니다
1
2
3
4
5
6
```

그리고 또 하나의 반복 처리 구문으로는 while 문이 있습니다. while 다음에 나오는 식의 결과인 부울값이 True인 동안에 계속 반복적으로 처리합니다.

■ **예제 코드 A-9-12**

```
>>> a = 1
>>>
>>> # a가 5 이하인 동안에 반복적으로 처리한다
>>> while a <= 5:
...     print(a)
```

```
...     a += 1
... <----- 여기서 [Enter] 키를 누릅니다
1
2
3
4
5
```

Section 9 | Step 6 | 함수

마지막으로 공부할 것은 **함수**입니다. 파이썬에서 처리 내용을 정리하는 단위로 함수를 정의할 수 있으며 이 함수를 나중에 호출할 수 있습니다. 함수를 정의할 때는 def를 사용하는데 이 def 아래에 있는 코드 블록이 해당 함수에서 처리할 내용이 됩니다. 제어구문과 마찬가지로 들여쓰기를 사용해서 코드 블록을 표현하므로 들여쓰기를 맞춰서 쓸 수 있도록 주의하기 바랍니다.

■ 예제 코드 A-9-13

```
>>> def hello_python():
...     print('Hello Python')
...     <----- 여기서 [Enter] 키를 누릅니다
>>> hello_python()
Hello Python
>>>
>>> # 함수는 인수를 받아 값을 반환할 수도 있습니다
>>> def sum(a, b):
...     return a + b
...     <----- 여기서 [Enter] 키를 누릅니다
>>> sum(1, 2)
3
```

Section 10

NumPy 기초

NumPy는 데이터 과학 분야에서 사용하기 편리한 라이브러리입니다. 특히 NumPy에서 다루는 배열(ndarray라는 배열)에는 매우 편리한 메서드가 많이 마련돼 있습니다. 머신러닝을 구현할 때 벡터나 행렬 계산이 자주 나오는데 NumPy의 배열을 사용하면 이를 매우 효율적으로 처리할 수 있습니다.

이번 절에서는 5장에서 구현한 소스코드에 나오는 NumPy의 기능을 중심으로 기본적인 내용을 설명하겠습니다. NumPy는 이번 절에서 모두 소개할 수 없을 만큼 많은 기능을 담고 있는 라이브러리이므로 관심이 있는 독자는 별도로 웹이나 서적을 찾아보기 바랍니다.

NumPy는 파이썬에 기본 사양으로 포함돼 있지 않으므로 NumPy를 이용하려면 일단은 라이브러리를 설치해야 합니다. 그러나 부록의 8절에서 소개한 아나콘다를 이용해 파이썬을 설치했다면 처음부터 기본 사양으로 NumPy가 포함돼 있으므로 설치할 필요가 없습니다.

아나콘다를 사용하지 않고 다른 방법으로 파이썬을 설치했다면 기본 사양으로 NumPy 패키지가 포함돼 있지 않으므로 패키지 매니저인 pip를 사용해 NumPy를 설치합니다.

■ 터미널 또는 명령 프롬프트에서 입력(예제 코드 A-10-1)

```
$ pip install numpy
```

NumPy가 준비되면 이제 직접 손으로 입력해가며 공부해보겠습니다. 일단은 터미널 또는 명령 프롬프트에서 'python'이라고 입력해서 대화형 실행환경을 시작하기 바랍니다.

Section 10 Step 1 임포트

NumPy를 파이썬에서 사용하려면 일단 NumPy를 읽어 들여야 합니다. 이때 import 구문을 이용해 다음과 같이 NumPy를 읽어 들입니다.

■ 이하 모든 파이썬 대화형 실행환경에서 실행(예제 코드 A-10-2)

```
>>> import numpy as np
```

이것은 numpy라는 라이브러리를 np라는 이름으로 읽어 들인다는 의미이며, np라는 이름을 참조해서 NumPy의 기능을 이용할 수 있습니다. 이 책에서 이후 모든 예제 코드에서는 이처럼 읽어 들이는 처리를 수행한다고 전제하고 설명을 진행하겠습니다.

Section 10 Step 2 다차원 배열

NumPy의 기본은 다차원 배열을 나타내는 ndarray입니다. 파이썬에는 ':'을 사용한 편리한 슬라이스 기법이 있습니다. 이것은 예제 코드 A-9-9에도 나왔습니다. 그리고 NumPy의 다차원 배열 기능에도 요소에 접근하는 데 편리한 기법이 몇 가지 있으므로 이 책에서 사용되는 기법을 중심으로 소개하겠습니다.

■ 예제 코드 A-10-3

```
>>> # 3x3인 다차원 배열(행렬)을 만든다
>>> a = np.array([[1, 2, 3], [4, 5, 6], [7, 8, 9]])
>>> a
array([[1, 2, 3],
       [4, 5, 6],
       [7, 8, 9]])
>>>
```

```
>>> # 1행 1열에 있는 요소에 접근한다
>>> # (인덱스는 0부터 시작된다는 점에 주의)
>>> a[0,0]
1
>>>
>>> # 2행 2열에 있는 요소에 접근한다
>>> a[1,1]
5
>>>
>>> # 1열을 꺼낸다
>>> a[:,0]
array([1, 4, 7])
>>>
>>> # 1행을 꺼낸다
>>> a[0,:]
array([1, 2, 3])
>>>
>>> # 2열과 3열을 꺼낸다
>>> a[:, 1:3]
array([[2, 3],
       [5, 6],
       [8, 9]])
>>>
>>> # 2행과 3행을 꺼낸다
>>> a[1:3, :]
array([[4, 5, 6],
       [7, 8, 9]])
>>>
>>> # 1행을 꺼내 변수에 대입
>>> b = a[0]
>>> b
array([1, 2, 3])
>>>
>>> # 배열을 사용해 요소에 접근할 수도 있습니다
>>> # 배열 b의 세 번째와 첫 번째 요소를 순서대로 꺼낸다
>>> c = [2, 0]
>>> b[c]
array([3, 1])
```

그리고 다음과 같이 다차원 배열의 기본적인 속성에 접근할 수 있습니다.

■ **예제 코드 A-10-4**

```
>>> # 3x3인 다차원 배열(행렬)을 만든다
>>> a = np.array([[1, 2, 3], [4, 5, 6], [7, 8, 9]])
>>>
>>> # a의 차원을 구한다. 행렬이므로 2차원이다
>>> a.ndim
2
>>>
>>> # a의 모양을 구한다. 3x3 행렬이므로 모양은 (3, 3)이다
>>> a.shape
(3, 3)
>>>
>>> # a에 포함된 요소의 개수를 구한다. 3x3이므로 요소의 개수는 9다
>>> a.size
9
```

그리고 NumPy의 다차원 배열 기능에서는 배열끼리 결합할 수 있습니다. 수평 방향으로 결합하려면 hstack을 이용하고 수직 방향으로 결합하려면 vstack을 이용합니다.

■ **예제 코드 A-10-5**

```
>>> # 3x1 배열을 가로로 결합한다
>>> a = [[1], [2], [3]]
>>> b = [[4], [5], [6]]
>>> np.hstack([a, b])
array([[1, 4],
       [2, 5],
       [3, 6]])
>>>
>>> # 1x3 배열을 세로로 결합한다
>>> a = [1, 2, 3]
>>> b = [4, 5, 6]
>>> np.vstack([a, b])
array([[1, 2, 3],
       [4, 5, 6]])
```

NumPy에서는 다음과 같이 T를 사용해 전치된 행렬을 구할 수도 있습니다.

■ **예제 코드 A-10-6**

```
>>> # 3x3인 다차원 배열(행렬)을 만든다
>>> a = np.array([[1, 2, 3], [4, 5, 6], [7, 8, 9]])
>>> a
array([[1, 2, 3],
       [4, 5, 6],
       [7, 8, 9]])
>>>
>>> # a를 전치한다
>>> a.T
array([[1, 4, 7],
       [2, 5, 8],
       [3, 6, 9]])
```

Section 10 | Step 3 | 브로드캐스트

NumPy에서는 배열에 있는 요소끼리 연산할 때 편리하게 사용할 수 있는 브로드캐스트라는 기능이 있습니다. 일반적으로 NumPy의 배열끼리 연산하려면 배열의 모양이 일치해야 하지만 연산할 두 개의 배열의 모양을 맞출 수 있을 것 같다면 모양을 맞춰서 연산하는 기능입니다. 말로 설명하면 이해하기 어려우므로 다음의 예를 살펴보겠습니다.

■ **예제 코드 A-10-7**

```
>>> # 3x3인 다차원 배열(행렬)을 만든다
>>> a = np.array([[1, 2, 3], [4, 5, 6], [7, 8, 9]])
>>>
>>> # a에 있는 모든 요소에 10을 더한다
>>> a + 10
array([[11, 12, 13],
       [14, 15, 16],
       [17, 18, 19]])
>>>
>>> # a에 있는 모든 요소에 3을 곱한다
>>> a * 3
array([[ 3, 6, 9],
```

```
       [12, 15, 18],
       [21, 24, 27]])
```

이것은 내부적으로 10이나 3과 같은 숫자값을 3x3 행렬로 취급해서 각각의 요소에 계산됩니다.

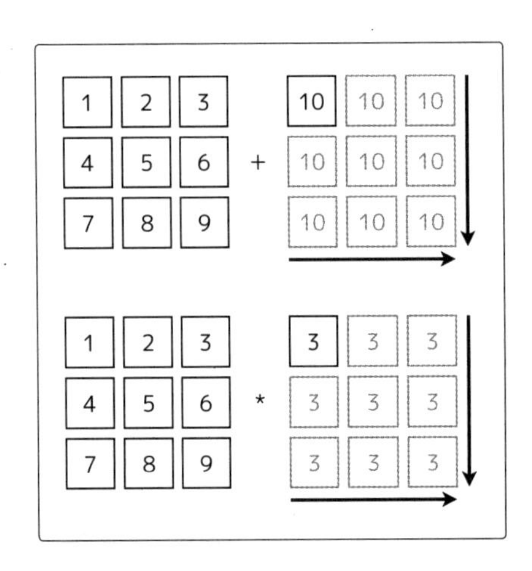

그림 A-17

참고로 여기서 연산한 곱셈은 행렬의 곱셈이 아니고 각각의 요소에 곱하는 연산입니다. 이처럼 각각의 요소에 연산하는 것을 element-wise라고 하는데 특히 행렬의 곱셈과 element-wise 곱셈은 구별해야 하므로 주의하기 바랍니다. 그리고 다음과 같은 브로드캐스트 패턴도 있습니다.

■ **예제 코드 A-10-8**

```
>>> # a에 있는 각각의 열을 2배, 3배, 4배한다
>>> a * [2, 3, 4]
array([[ 2, 6, 12],
       [ 8, 15, 24],
       [14, 24, 36]])
>>>
>>> # a에 있는 각각의 행을 2배, 3배, 4배한다
>>> a * np.vstack([2, 3, 4])
array([[ 2, 4, 6],
```

```
      [12, 15, 18],
      [28, 32, 36]])
```

이것은 내부으로 다음에 나오는 그림 A-18처럼 확장된 배열로 취급되어 각각의 요소에 계산됐습니다.

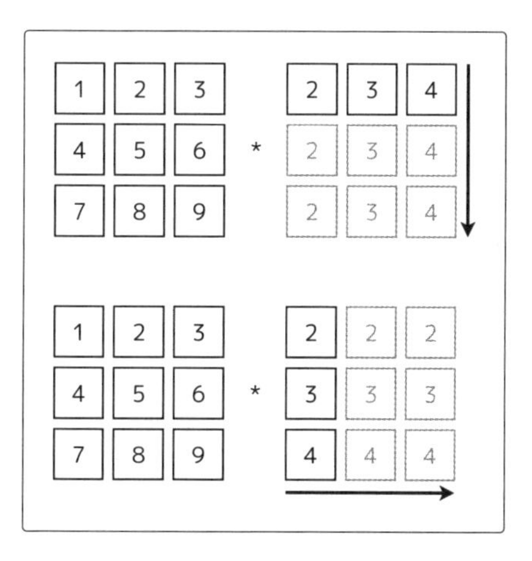

그림 A-18

찾아보기

숫자, 로마자

한국어